부대사
금강경

금강경오가해설의

金剛經五家解說誼

부대사
금강경

원순 역해

도서
출판 **법공양**

부처님의 말씀과 법이란

부처님의 말씀과 올바른 법을 드러내는
책들은 우리로 하여금 재앙을 없애고 행복이 넘치는
좋은 길로 가도록 해 줍니다.

과거 현재 미래의 피할 수 없는 인과를 밝히고 중생이
본디 갖추고 있는 부처님의 성품을
잘 깨닫게 해 주며 괴로움이 가득 찬 생사를 벗어나 기쁨이
그득한 열반의 세계에 이르게 합니다.

그러니 이 책을 읽는 이들은 모름지기 부처님의
은혜에 감사하는 마음을 내어야 합니다.

이 법을 만나기 어렵다는 생각을 하여 깨끗한 손으로
『부대사 금강경』을 펼쳐 정성과 공경의
마음을 담아 부처님을 대하듯이 하면 헤아릴 수 없이 많은 이익과
기쁨을 몸소 얻을 것입니다.

『금강경오가해설의』를 저자별로 엮으며

들어가는 말

1981년 해인사 성철 큰스님께서 조계종 종정으로 취임하면서 내린 법어 가운데 "산은 산이요 물은 물이로다."라는 유명한 구절은 지금까지도 세상 사람들의 귀에 익숙한 말입니다. 그러나 그 구절이 조계종 전통강원에서 수백 년 동안 배우고 있는『금강경오가해설의金剛經五家解說誼』에도 나와 있음을 알고 있는 사람은 그렇게 많지 않습니다.『금강경』5장에서 "존재하는 '온갖 모습'은 다 허망한 것이니 '온갖 모습'에서 '허망한 모습이 아닌 참모습'을 보면 곧 여래를 보느니라. [凡所有相 皆是虛妄 若見諸相非相 卽見如來]"라고 하는 대목에서, 야부 스님은 "산은 산이요 물은 물이로다. 부처님은 어느 곳에 계시는고? [山是山 水是水 佛在何處]"라고 물으면서 이 단락의 뜻을 풀이하였습니다.

산은 산이요 물은 물이로다.
부처님은 어느 곳에 계시는고?

어떤 모습 있다 하여 찾는다면 모두 거짓
형상 없어 안 본다면 이것 또한 삿된 소견
당당하고 깊은 고요 어찌 틈이 있을 건가
한 줄기로 뻗는 섬광 온 허공이 환해지네.

금강경

『금강경』은 조계종에서 중요하게 여기는 경전으로 한국불교에서 가장 많이 읽히는 경전인데 대승불교의 교리 및 기본 사상을 가장 함축적으로 표현하고 있습니다. 부처님과 수보리의 문답으로 이어지는 문장은 짧고 간결하면서 반복되는 측면도 많습니다. 그만큼 집중적이고 매력적이면서 오묘한 뜻을 담아내고 있지만, 보는 각도에 따라 다양한 해석이 가능하여 자신의 근기에 맞추어 얼마만큼 제대로 이해하느냐가 중요한 관건이 됩니다.

이 경전이 중국에서 번역된 뒤로 나름대로 그 뜻을 정확하게 이해하기 위하여 선종과 교종에서 출가자와 재가자의 구분을 떠나 수많은 선지식들이 '금강경 뜻풀이'를 하였고, 그 결과 오늘날 수많은 '금강경 뜻풀이 책'들이 있습니다. 육조혜능 스님도 그 당시에 알려진 뜻풀이 책들이 800여 종이 넘는다 하였으니, 그 뒤로 오늘날까지도 수많은 사람들에 의해 끊임없이 금강경 뜻풀이 책들이 나오고 있어 그 수를 헤아릴 수 없을 정도입니다. 역자 또한 2009년 『조계종 표준 금강경』이라는 이름으로 발간된 책을 보고, 표준이 되는 『금강경』이라면 모든 사람들이 쉽게 그 뜻을 이해하며 읽을 수 있는 '우리말 금강경'이 되어야 한다는 생각에서 2010년 5월 『우리말금강반야바라밀경』을 엮어 냈는데 이것도 넓은 의미에서 '금강경 뜻풀이 책'이라고 생각하고 있습니다.

오가해설의五家解說誼

이 많은 '금강경 뜻풀이 책' 가운데 역사적으로 검증된 중국의 큰스님 다섯 분인 규봉종밀, 육조혜능, 부대사, 야부도천, 예장종경의 해설을 묶어 놓은 것이 바로 『금강경오가해』입니다. 저마다 개성이 다른 다섯 분의 주석을 누가 언제 무슨 의도로 골라 편집했는지는 알 수 없습니다.

1417년 조선시대 무학대사의 상수제자 함허득통 스님이 자신의 견해로 금강경 뜻풀이를 해나가면서 큰스님 다섯 분의 해설에 당신의 견해를 덧붙여 놓은 것이 『금강경오가해설의』입니다. 따라서 '오가해'는 '중국 큰스님 다섯 분의 금강경 풀이'라는 뜻이고 '설의說誼'는 '이 다섯 분의 금강경 풀이를 더 자세하게 설명해 가면서 덧붙여 금강경 경문 풀이도 해 놓은 것'입니다. 따라서 『금강경오가해설의』는 여섯 분의 '금강경 뜻풀이'가 들어 있는 책입니다.

여섯 분의 '금강경 뜻풀이'는 규봉의 '찬요纂要', 육조의 '해의解義', 부대사의 '찬讚', 야부의 '송頌', 종경의 '제강提綱' 순으로 되어 있고, 함허

득통 스님은 금강경의 원문과 야부의 송, 종경의 제강에 주로 설의를 붙였습니다. 육조와 부대사에 대해서는 육조 스님의 서문과 부대사의 마지막 게송에만 설의를 붙였습니다. 함허득통 스님의 설의는 다섯 분의 뜻풀이를 충실하게 따라가며 더 자세한 해설을 덧붙여 전체 뜻을 드러내고자 하였습니다.

왜 저자별로 엮으려고 하는가

여섯 분의 해설서인 『금강경오가해설의』가 대대로 내려오며 많은 이들에게 '금강경 지침서'가 되었는데 굳이 이 책을 여섯 선사 각각의 해설서로 나누어 엮으려는 것은 '금강경오가해설의'를 번역하면서 이 책의 독특한 구성이 경을 처음 보는 사람들에게는 오히려 내용을 이해하기 힘들게 하겠다는 생각이 들었기 때문입니다.

'금강경오가해설의'의 구성을 살펴보면 먼저 '금강경 원문'이 나오고 규봉, 육조, 부대사, 야부, 종경의 글들이 이어지며, 이 내용들에 함허 스님의 설의가 곁들여지고 있습니다. 규봉의 찬요纂要는 '금강경의 중요한 뜻을 모아 풀이해 놓았다'는 것이고, 육조의 해의解義는 '금강경의 이치를 풀어놓았다'는 뜻이며, 부대사 찬讚은 '금강경의 뜻을 찬탄한다'는 것이고, 야부의 송頌은 '금강경의 뜻을 간결하게 게송으로 풀었다'는 것이며, 종경의 제강提綱은 '게송으로 금강경의 골격을 잡아가며 골수를 잡아내었다'는 말이고, 함허의 설의說誼는 '금강경오가해를 이해할 수 있는 올바른 이치를 설했다'는 것이니 이들 모두는

총체적으로 '금강경 뜻풀이'라 할 수 있습니다.

그런데 찬요, 해의, 찬, 송, 제강, 설의 등 이 글들의 관점이 갖고 있는 힘과 성격이 확연히 달라 마치 '금강경'의 한 장면을 여섯 분이 저마다 자신의 개성을 드러내 여섯 장르의 특색 있는 문학작품으로 표현해 낸 것과 같습니다. 여러 사람의 글이 자신의 고유한 색깔을 지니고 한 곳에 모여 있으니 처음 경을 보는 사람들은 여러 선사들의 의도와 뜻을 헤아려 보기에도 벅차, 원문에서 말하고자 한 것이 무엇인지 그 근본을 놓치고 곁가지에 집착하여 붙들고 있는 격이 되기 쉽습니다.

게다가 '금강경오가해설의'를 읽다보면 원문에 대한 선사들의 해석이 서로 다른 부분들도 많아 자칫 그 뜻을 이해하기 힘든 독자는 혼란을 일으킬 수도 있습니다. 또한 한 원문에 여섯 선사의 글을 배치하다 보니 어느 분의 글은 그 원문과 바로 맞추어 볼 수 없는 곳에 놓이기도 합니다. 그러하므로 이 여섯 분의 금강경 뜻풀이를 저마다 각각의 '금강경 해설서'로 독립시켜 책으로 내는 것이 금강경을 공부하고자 하는 독자를 위해 하나의 고유한 색깔을 지닌 읽기 편한 금강경 해설서가 될 것으로 생각되었습니다.

'금강경'을 공부하는 사람들 가운데는 '금강경'을 오가五家의 해설로 읽고자 하는 이들도 있을 것이고 '금강경오가해'를 보고 특히 어느 한 분의 해설이 좋아 그 분의 해설만 읽고자 하는 이들도 분명 있을 것입니다. 그러므로 '금강경오가해설의'를 이렇게 여섯 권으로 나누어 출간하는 것은 이미 번역본으로 나와 있는 『금강경오가해설의』와 더불어 공부하는 사람들의 다양한 관심을 배려한 것입니다. 부처님께서

중생의 인연에 맞게 팔만 사천법문을 설하셨다 하시니 『금강경오가
해설의』와 인연 있는 이들을 위하여 이것을 여섯 권으로 나누어 출간
하는 역자의 의도 또한 부처님 뜻에 수순하는 것이라고 생각됩니다.

부처님은 어디에서 오는 것이며
몇 겁 동안 애를 써서 수행하셨나
나와 남을 분별하는 견해 끊으면
바야흐로 참 종지에 통달하리라.

모습 보되 그 모습에 집착 않으면
이내 몸이 '공'이면서 법도 '공'이라
예로부터 집착함이 전혀 없으니
오고 감에 모든 것이 다 통하리라.

부대사의 말씀으로 이 글을 마무리합니다.
이 『부대사 금강경』을 통해 금강경의 깊은 가르침을 깨달아
맑고 고운 삶으로써 험한 세상 밝히옵고
참 행복한 세상에서 슬기롭게 살아가시기 바랍니다.

2012년 4월 21일
조계총림 송광사 인월행자 두손모음

『금강경오가해설의』 저자소개

함허득통涵虛得通(1376~1433)

함허득통은 조선 초기의 스님이다. 함허涵虛는 당호이고 득통得通은 법호이다. 1396년 21세 때 세상살이의 허무함을 느껴 관악산 의상암義湘庵으로 출가하고 이듬해 회암사檜巖寺로 가서 무학왕사無學王師에게 가르침을 받았다. 이후 여러 곳을 다니며 정진하다가 다시 회암사로 돌아와 홀로 수행에 전념해 깨달음을 얻고 무학대사의 법을 이었다. 1406년 문경 대승사에서 반야경을 세 차례 강의 하였다. 1414년 황해도 자모산慈母山 연봉사烟峰寺에서 작은 거처를 마련하여 '함허당涵虛堂'이라 이름하고, '금강경오가해'를 강의하면서 풀이하였는데, 이것이 뒷날 '설의'라 하여 '금강경오가해'에 합쳐져 『금강경오가해설의』라는 제목을 가진 책이 되었다.

스님은 조선시대 억불정책으로 어려움이 많았던 불교계와 왕실 양쪽에서 신임을 받아 강의와 저술 활동을 활발하게 하였다. 1431년 희양산曦陽山에 들어가 봉암사鳳巖寺를 중수重修하고 그곳에서 입적하였다. 저서에 『원각경소圓覺經疏』『금강경오가해설의金剛經五家解說誼』『현정론顯正論』『반야참문般若懺文』『금강경윤관金剛經綸貫』『선종영가집설의禪宗永嘉集說誼』 등이 있다.

규봉종밀圭峯宗密(780~841)

중국 화엄종 제5조로서 당나라 스님인데 성은 하씨이고 휘는 종밀, 호가 규봉圭峰이며 시호는 정혜定慧이다. 807년 과거시험을 보러가다가 도원道圓 스님의 법문을 듣고 출가하였다. 스님은 일찍이 선종 사람들이 자신만이 옳다고 주장하며 서로 다투는 것을 보고『선원제전집禪源諸詮集』100권을 저술하여 선종과 교종이 근본에 있어서는 하나의 이치로 통하고 있다는 것을 정리하여 선교일치禪敎一致를 주장하였다.

　　지금은 없어진『선원제전집』의 서문 격인『선원제전집도서』는 후학들에게 선과 교에 대한 안목을 열어 주는 데 있어 대단한 도움을 주는 책이다.『화엄경윤관華嚴經綸貫』15권,『원각경대소석의초圓覺經大疏釋義抄』13권,『금강반야경소론찬요金剛般若經疏論纂要』2권,『기신론소주起信論疏注』4권 등 많은 저술을 남겼다.

육조혜능六祖慧能(638~713)

중국 선종의 6대조이다. 속성은 노盧씨로 당나라 태종 정관 12년에 지금의 광동성 조경부 신흥에서 태어났다. 세 살 때 아버지를 여의고 집이 가난해 제대로 배우지 못했으나 스물네 살 때 혜능은 장터에서 어떤 스님이『금강경』읽는 소리를 듣고 발심해 오조 스님에게 인가를 받고자 찾아가니 스님은 혜능의 공부를 첫눈에 알아보았다. 이 인연으로 혜능 스님은 오조 스님에게 가사와 법을 받고 선종 6대 조사의

지위를 잇게 되었지만 그를 시기하는 사람들을 피하여 남쪽으로 내려 가야 했다. 그쪽에서 열여섯 해를 은둔하던 중 의봉원년儀鳳元年 676 년 법성사에서 인종 법사를 만나 삭발하고 비로소 구족계를 받았다.

다음 해부터 소양韶陽 조계曹溪 보림사寶林寺에서, 바로 사람의 마음을 가리켜 참 성품을 보면 단숨에 깨달아 부처님이 된다는 '직지인심直指人心 견성성불見性成佛'이라는 '돈오법문頓悟法門'을 크게 일으키니, 북쪽 지방에서 신수 스님이 '점차 닦아나가면서 점차 깨달아야 한다'는 '점수점오漸修漸悟'의 법문을 하고 있던 것과 대조를 이루게 되어 이 시대를 역사적으로 '남돈북점南頓北漸' 또는 '남능북수南能北秀'라고 하였다.

저서로는 『육조단경六祖壇經』과 『금강경구결金剛經口訣』이 남아 있다. 당나라 현종 개원開元 1년(713) 8월 국은사國恩寺에서 76세로 입적했다. 육조 스님은 육신이 썩지 않고 그대로 남아 지금까지 보존되어 있는 육신 보살이다. 그의 법을 이은 제자들이 40여 명이나 되었다. 그 가운데 하택신회荷澤神會, 남양혜충南陽慧忠, 영가현각永嘉玄覺, 청원행사靑原行思, 남악회양南嶽懷讓 등이 유명하였다. 그 밑으로 훌륭한 스님들이 많이 나와 중국의 선종이 번창하여 임제종, 조동종과 같은 오가칠종五家七宗이 형성되었다.

부대사傳大士(497~569)

남조南朝 동양東陽 오상현烏傷縣 사람이니 성은 부傳이고 이름은 흡翕이며 자字가 현풍玄風이다. 사람들이 성을 따라 부대사傳大士 또는 지명을 따라 동양대사東陽大士나 오상대사烏傷大士라고 불렸지만 그는 스스로 '당래해탈當來解脫 선혜대사善慧大士'라고 하였다. 어려서 마을 사람들과 어울려 물고기를 잡을 때 대나무 광주리에 잡은 물고기가 가득 차면 깊은 물속에 광주리를 담가놓고 "갈 놈은 가고 남을 놈은 남아라." 하니, 사람들이 그를 어리석은 아이라고 하였다.

열여섯 살에 결혼하여 보건普建, 보성普成 두 아들을 낳고 기수沂水에서 고기를 잡고 살아가다가 스물네 살 때 인도 승려 숭두타嵩頭陀를 만나 불도에 뜻을 두게 되었다. 송산松山에서 낮에는 일하고 밤에 도를 닦아 고행을 시작한 지 7년 만에 깨달음을 얻었으니 자못 신기한 일들이 많았다.

또한 대사는 안에다 경전을 안치하고 밖에서 이것을 돌리는 '윤장輪藏'을 처음 만들어 많은 사람들이 이를 돌림으로 부처님의 가르침과 인연을 맺게 하였다. 이 인연으로 뒷날 세상 사람들이 윤장을 만들 때 부대사와 그의 아들 보건과 보성 세 사람의 형상을 안치하였다. 부대사의 저서에는 『선혜대사어록善慧大士語錄』 4권과 『심왕명心王銘』 등이 전한다.

야부도천冶父道川

중국 송나라 때 임제종 스님이다. 강소성江蘇省 고소姑蘇 옥봉玉峰 사람으로서 속성이 적狄씨이다. 처음 동제겸東齋謙 스님 밑에서 공부를 하다가 크게 깨치고 건염建炎(1127~1130) 초에 천봉天峰으로 가서 정인사淨因寺 반암蟠庵 계성繼成 문하에서 인가를 받고 그의 법

을 이어 임제종 후손이 되었다. 뒷날 다시 동제東齋 스님한테 돌아가
법을 펼치니 출가한 스님들과 세상 사람들이 그의 법력을 흠모하였
다.『금강경』에 대한 세상 사람들의 질문에 스님이 게송으로 답하니,
이것이 유명한『천로금강경주川老金剛經註』이다. 안휘성安徽省 야
부산冶父山 실제선원實際禪院 주지를 역임하였지만 그 분이 언제 태
어나서 언제 입적했는가는 확실하지 않다.

예장종경豫章宗鏡

자세히 알려진 기록이 없다. 명나라 가정嘉靖 30년(1551) 당련서堂
連序에 의하면 종경 선사는 나한의 한 분으로 지혜와 자비가 넘치신
분이라고 하였다. 종경 선사는 양나라 소명태자가 서른두 가지로 나
눈 단락에 의하여 금강경의 뜻을 풀이하였는데, 이 풀이에 제강提綱,
요지要旨, 장행長行, 결류結類, 송경頌經, 경세警世, 귀결정토歸結淨土
라는 일곱 가지 제목을 붙였다. 이 중『금강경오가해』에 실린 것은
첫 번째 '제강提綱'의 내용이다.

세 가지 성품이 '공'이니[1]

잘못 알아 두루 집착하는 성품

_ 변계소집성

망념으로 잘못 알고 집착을 하여
새끼줄을 몰라보고 뱀이라 하네
마음속의 의심들이 귀신 만드니
눈병 나면 허공꽃을 보게 되리라.

한 경계로 다를 것이 없다하여도
세 사람이 내는 견해 차이가 있네
개념 자체 실체 없음 알게 된다면
영원토록 '흰 소 수레'[2] 타고 가리라.

---

1. 부대사는 금강경을 풀이하면서 '세 가지 성품이 공'임을 역설하고 있다. 이것에 대한 구체적인 내용을 풀이한 이 게송을 서문 격으로 앞부분에 실어 본문에 대한 독자의 이해를 돕고자 한다.
2. '흰 소 수레'로 번역한 백우거白牛車는 법화경에서 나오는 비유로서 '일불승'을 의미한다. 자세한 내용은 252쪽 주 참고

다른 것에 의지하여 일어나는 성품

_ 의타기성

다른 것에 의지하여 홀로 못 서니
온갖 인연 빌려와서 이뤄지도다
해가 지면 나무 그늘 보이지 않고
어둔 방에 촛불 켜면 환해진다네.

인연이란 업과 함께 변하여 가고
온갖 모습 티끌모여 생겨나는 것
참다운 공 색이란 걸 깨닫게 되면
순식간에 집착하는 개념 없애리.

오롯한 이치 속에 들어간 성품

_ 원성실성

온갖 모습 사라지니 이름도 없고
온갖 마음 하나 되니 경계 사라져
오고 가는 모습들은 볼 수가 없어
말과 침묵 어디에도 걸림 없구나.

지혜로써 참 오롯한 이치에 들면
그의 몸과 법의 성품 항상 같으니
진리 깨쳐 세간이치 환하게 알아
중생 위한 방편들을 마다 않구나.

세 가지 성품이 '공'이로다

망념으로 잘못 알고 집착을 하여
새끼줄을 몰라보고 뱀이라 하네
마음속의 의심들이 귀신 만드니
눈병 나면 허공꽃을 보게 되리라.

한 경계로 다를 것이 없다하여도
세 사람이 내는 견해 차이가 있네
개념 자체 실체 없음 알게 된다면
영원토록 '흰 소 수레' 타고 가리라.

설의　사람이나 법에 집착할 내가 원래 없는데 망념으로 잘못 알아
이 때문에 집착한다. 뱀이 아닌데도 뱀이라 생각하고 귀신이 아닌데
도 귀신이라 생각하며 꽃이 아닌데도 꽃이라고 생각하니 보이는 경계
는 하나라도 세 사람이 보는 견해가 다르다.

이런 견해 원래 실체 없다는 것 알게 되면
한가롭게 영원토록 '흰 소 수레' 타고 가리라.

다른 것에 의지하여 홀로 못 서니
온갖 인연 빌려와서 이뤄지도다
해가 지면 나무 그늘 보이지 않고
어둔 방에 촛불 켜면 환해진다네.

인연이란 업과 함께 변하여 가고
온갖 모습 티끌모여 생겨나는 것
참다운 공 색이란 걸 깨닫게 되면
순식간에 집착하는 개념 없애리.

설의 물질이나 마음 등 온갖 법이 다른 것에 의지하여 생겨난다고
하니 이는 홀로 서는 것이 아니요 온갖 인연을 빌려 성립되는 것이다.
인연으로 일어난 법에는 '자성'이나 '생멸'이 없지만 그 인연을 따라
생멸하는 법이 있게 된다.

번뇌와 업이 함께 변해가는 모습이 있으니 이 변하는 모습으로 삼라만
상이 드러난다. 인연에 집착하는 마음과 지수화풍 사대가 어울려 '색
수상행식'이란 오온의 몸을 만들고 이 몸에 있는 육근과 세상의 경계
가 어울린 것 곧 육근과 육경을 모아 십이처를 만드는 것이다.

만약 색이 공성空性의 색인 줄 깨달으면
곧 마음이 마음 아닌 줄을 깨닫게 되리라.

온갖 모습 사라지니 이름도 없고
온갖 마음 하나 되니 경계 사라져
오고 가는 모습 끝내 볼 수가 없어
말과 침묵 어디에도 걸림 없구나.

지혜로써 참 오롯한 이치에 들면
그의 몸과 법의 성품 항상 같으니
진리 깨쳐 세간이치 환하게 알아
중생 위한 방편들을 마다 않구나.

설의 고정 관념과 온갖 모습이 다 없어지고 보는 마음과 대상 경계가 다 사라지니 오고 감에 그 자취가 없을 것이요, 말과 침묵 어디에도 걸림이 없다. 그 바탕에 안팎 없어 한 몸이 되고 생각에는 앞뒤 없어 한마음일 뿐, 이야말로 부족 없는 오롯한 이치로 거짓이 없어 법성의 바다는 영원할 것이다.

지혜로 그 가운데 들어가 그의 몸이 똑같이 상주하니 '진'과 '속'이 원래 하나로 관통되고 있는지라 청산이든 장터이든 그 어느 곳도 방해되지 않는다.

이미 청산의 맛을 충분히 보았다 하면
꽃향기 진동하는 언덕가로 가야하리라.

경계도 지혜도 공이어서

경계는 공이니라

열반이란 모든 중생 제도한단 뜻
번뇌 없는 한 가지 맛 중생 거두네
태어나는 온갖 모습 태란습화생
날짐승과 물고기도 제도하리라.

삶 속에서 보살들이 마음 다스려
깨달음의 보리도가 저절로 완성
깜빡하다 미세 번뇌 생겨난다면
사바세계 이 언덕을 못 떠나리라.

---

1. 법안문익法眼文益(885-958) 절강성 항주부 여향현에서 태어났다. 일곱 살에 출가하여 계율 공부에 전념하는 한편, 유교를 공부하여 시문에 능했다. 자세한 내용은 264쪽 주 참고
2. 법안 선사의 게송이 어떻게 이 책에 실리게 되었는지 알려진 바는 없다. 다만 이 게송의 내용과 부대사 금강경이 삼공의 이치를 설하고 있다는 점에서 서로 통하므로 삼공을 구체적으로 설명한 법안 선사의 게송을 실어 부대사 금강경에 대한 이해를 돕고자 한 것이라고 생각된다.

설의

여래의 대열반은 뭇 중생을 널리 제도하는 것으로 그 뜻을 삼으니 온갖
중생을 번뇌 없는 한맛 무여열반으로 거둔다.

무거운 소임이라서 참으로 쉬운 일이 아니니 지혜롭지 못한 사람이
어찌 이 일을 감당하겠느냐.

보살만이 중생을 교화하되 교화한 것이 없어 깨달음의 도가 절로 이
세상에 두루 하게 한다.

육진경계의 인연이 조금이라도 남아 있게 된다면 생사의 언덕에서
영원히 머무르게 될 것이니라.

지혜도 공이니라

오롯한 지혜 맑고 밝게 타오르니
큰 보살님 그 자리에 집착이 없어
가는 곳곳 어디에나 깨달음 있고
밝고 밝은 공덕으로 가득 찬 숲속.

어느 누가 이런 지혜 낼 수 있을까
다시 봐도 감당할 이 찾지 못하리
시린 달이 두리둥실 허공에 뜨고
소나무에 맺힌 이슬 옷깃 적시네.

설의

지혜가 오롯하니 참으로 맑고 밝게 타오르는 불꽃이어 남아대장부가
여기에 도달하니 집착할 것이 없다. 집착할 게 없으니 가는 곳마다 깨
달음의 도道요, 밝고 밝은 공덕의 숲이로다.

이미 본디 있음을 알아 지금 얻은 것이 아니니 마음속에 아무 것도
없어 어리석은 듯하구나. 집착 없는 살림살이를 어떻게 말할 것인고?

시린 달이 두리둥실 허공에 뜨고
소나무에 맺힌 이슬 옷깃 적시네.

경계도 지혜도 공이어서

이치 떨어져 알음알이 사라지니
그 자리를 비유로써 어찌 말하리
서리 내린 늦은 밤에 보름달 뜨니
앞개울에 몸을 맡겨 흐르는구나.

과일 익어 원숭이는 살이 찌는데
산속 깊어 길을 잃은 모습이로다
고개 드니 붉은 노을 아름다워라
이 자리가 아미타불 본디 머물 곳.

설의
경계와 지혜를 다함께 잊고 그 잊은 것조차 잊으니 시린 가을 하늘
한밤중에 밝은 달빛 계곡물에 가득하다.

도가 높아지니 허물을 따고 이치가 드러나 어리석어지니 그 까닭을
돌이켜 보면 공空에서 아직 알음알이를 잊지 못했도다.
다시 이 알음알이도 잊으니

두리둥실 밝은 달이 일천 강에 반짝반짝
조각구름 흘러흘러 만리 창공 하늘하늘.

법을 전파시켜야

마음가짐 여여 해야 풀이를 하니
이 설법이 바른 법을 전파하는 것
'나'와 '남'에 집착 없다 말을 한다면
이야말로 집착하는 모습이라네.

평소 삶에 그 무엇을 증득할 건가
생활 속에 온갖 번뇌 다 끊어져서
내 앞에서 드러나는 온갖 법들을
맑은 거울 그림자로 마주 본다네.

설의

마음이 여여 해서 흔들리지 않아야 법을 제대로 풀이하니, 이와 같은
가르침을 설해야 법을 전파한다고 한다.

만약 '나는 나와 남에 집착하는 생각이 없다'라고 말한다면, 이는 여전
히 '나와 남에 집착하고 있는 모습'이다.

평소 증득할 것이 없어 법에 얽매일 번뇌가 다 끊어지니,
법을 설하는 모습이 거울 속의 그림자를 보는 것과 같도다.

차례

부대사 금강경

일러두기

1. 이 책은 1997년 대한불교조계종 교육원에서 펴낸 『금강경전서』
   가운데 『금강경오가해』 중 금강경 원문에 대한 '부대사 찬讚' 부분만
   번역하여 『부대사 금강경』으로 출간한 것이다.
2. 이 책에 있는 '금강경 한글번역'은 저자가 풀이한
   『우리말 금강반야바라밀경』(2010년 도서출판 법공양)이 저본이다.
3. 서른두 단락으로 나눈 한문 목차는 중국 양나라 소명태자가
   정리한 것이고, 이 목차의 한글번역은 본문내용을 참고하였기에
   한문의 뜻과 한글번역이 조금 달라 보일 수 있지만 근본 뜻에는 차이가 없다.
4. '부대사 찬讚' 한문원문에 달아놓은 한글현토는 번역문을 읽고 대조할 때
   참고로만 볼 일이다.
5. '부대사송'과 '부대사송 함허설의', '청안법안선사송 함허설의'의
   한문원문은 독자의 편의를 위하여 부록으로 덧붙여 놓았다.
6. 부대사는 금강경을 풀이하면서 '세 가지 성품이 공'임을 역설하고 있다.
   이것에 대한 구체적인 내용을 풀이한 부대사송을 서문 격으로 앞부분에 실어 본문에
   대한 독자의 이해를 돕고자 하였다.
7. 법안 선사의 게송이 어떻게 이 책에 실리게 되었는지 알려진 바는 없다.
   다만 이 게송의 내용과 부대사 금강경이 삼공의 이치를 설하고 있다는 점에서 서로
   통하므로 삼공을 구체적으로 설명한 법안 선사의 게송을 실어 부대사 금강경에
   대한 이해를 돕고자 한 것이라고 생각된다.
8. 함허 스님은 부대사 금강경에서 부대사송과 법안 선사의 게송에만 설의를 붙였다.

부대사
금강경

1. 法會因由分

如是我聞 一時 佛 在舍衛國 祇樹給孤獨園[1] 與大比丘衆
여시아문 일시 불 재사위국 기수급고독원 여대비구중

千二百五十人俱
천이백오십인구

爾時 世尊 食時 着衣持鉢 入舍衛大城 乞食於其城中
이시 세존 식시 착의지발 입사위대성 걸식어기성중

次第乞已 還至本處 飯食訖 收衣鉢 洗足已 敷座而坐
차제걸이 환지본처 반사흘 수의발 세족이 부좌이좌

法身本非食이요　應化亦如然하니
법신본비식　　응화역여연

爲長人天益하려고 慈悲作福田이로다.
위장인천익　　자비작복전

---

1. 이곳은 본래 파사익 왕의 태자 기타가 소유한 동산이었으나 급고독 장자가 그 땅을
　사서 석존께 바치고 태자는 그 동산에 있는 나무와 숲을 공양하였으므로 두 사람의
　이름을 따라 '기수급고독원'이라 일컬었다.

1. 기원정사에서 법회가 열리던 날

이와 같이 저는 들었습니다. 부처님께서 사위국 기원정사에서 성스러운 비구 천이백오십 명과 함께 지내실 때였습니다. 어느 날 이른 아침 가사를 수하신 세존께서 발우를 들고 사위성에 들어가 탁발하시며 차례대로 일곱 집에서 정성껏 올리는 공양물을 받고 다시 머물던 처소로 돌아와 공양을 드시고는 가사와 발우를 정돈하신 뒤 발을 씻으시고는 자리를 펴고 앉으셨습니다.

법신은 본디 음식으로 살아가는 것이 아니요
온갖 모습으로 나타나는 부처님도 그러하니
하늘신과 인간들을 영원토록 위하려고
자비로운 탁발 모습 그들의 복전이 되시는구나.

收衣息勞慮요　　洗足¹離塵緣이니라
수 의 식 노 려　　세 족 이 진 연

欲說三空理하려고　跏趺示入禪이로다.
욕 설 삼 공 리　　가 부 시 입 선

---

1. 육조 스님은 『육조 스님 금강경』에서 '세족'을 다음과 같이 풀이하였다.
　"세족洗足이란 여래도 똑같이 범부의 삶을 따르고 있음을 드러내기 위한 것입니다.
　또 대승의 법에서는 손발을 씻는 것만으로 깨끗하다고 하지 않으며, 대개 손발을
　씻는 것은 마음을 깨끗이 하는 것만 못하다고 말합니다. 한 생각에 마음이 깨끗해지
　면 곧 번뇌로 이루어진 죄가 모두 없어지기 때문입니다."

가사를 거둠은 번거로운 생각을 내려놓는 것이요
발을 씻음은 세속의 인연을 떠나시는 것이니라
온갖 공의 이치를 빠짐없이 말씀하시려고
결가부좌하고 선정에 들어감을 보이시도다.

2. 善現起請分

時 長老 須菩提 在大衆中 卽從座起 偏袒右肩 右膝着地
시 장로 수보리 재대중중 즉종좌기 편단우견 우슬착지

合掌恭敬 而白佛言 希有 世尊 如來 善護念 諸菩薩 善付囑
합장공경 이백불언 희유 세존 여래 선호념 제보살 선부촉

諸菩薩 世尊 善男子 善女人 發阿耨多羅三藐三菩提心 應
제보살 세존 선남자 선여인 발아뇩다라삼먁삼보리심 응

云何住 云何降伏其心
운하주 운하항복기심

佛言 善哉善哉 須菩提 如汝所說 如來 善護念 諸菩薩 善付
불언 선재선재 수보리 여여소설 여래 선호념 제보살 선부

囑 諸菩薩 汝今諦聽 當爲汝說 善男子 善女人 發阿耨多羅
촉 제보살 여금제청 당위여설 선남자 선여인 발아뇩다라

三藐三菩提心 應如是住 如是降伏其心
삼먁삼보리심 응여시주 여시항복기심

唯然 世尊 願樂欲聞
유연 세존 원요욕문

2. 장로 수보리가 법을 청하다

그때 장로 수보리가 대중 가운데에서 일어나 오른쪽 어깨를 드러낸 차림으로 오른 무릎을 꿇으면서 두 손을 모아 합장하고 공경하는 마음으로 부처님께 사뢰었습니다.

"참으로 경이롭고 희유하십니다, 세존이시여. 여래께서는 모든 보살들을 잘 보살펴 주시고 배운 가르침을 잘 실천하도록 격려하여 주십니다. 세존이시여! '더할 나위 없이 높고도 올바른 깨달음'을 얻고자 마음을 일으킨 선남자 선여인들은 어떻게 살아가야 하며 어떻게 마음을 다스려야 합니까?"

부처님께서 말씀하셨다. "참으로 잘 물었다, 수보리야. 그대의 말대로 여래께서는 모든 보살들을 잘 보살펴 주시고 배운 가르침을 잘 실천하도록 격려하여 주시느니라. 이제 그대를 위하여 설하리니 잘 들어라. '더할 나위 없이 높고도 올바른 깨달음'을 얻고자 마음을 일으킨 선남자 선여인들은 이와 같이 살아야 하며 이와 같이 마음을 다스려야 할 것이니라."

"네, 세존이시여. 기쁜 마음으로 듣겠사옵니다."

希有¹ 希有佛이시여   妙理極泥洹이시여
희유 희유불   묘리 극 니 원

云何降伏住오   降伏住爲難이로다.
운하 항복주   항복주 위 난

二儀法中妙요   三乘敎喩寬이라
이 의 법 중 묘   삼 승 교 유 관

善哉今諦聽하라   六賊²免遮欄이로다.
선 재 금 체 청   육 적 면 차 란

---

1. 육조 스님은 『육조 스님 금강경』에서 '희유希有'를 다음과 같이 풀이하고 있다.
   "희유希有는 간략히 세 가지를 들어 말합니다. 첫째는 전륜성왕의 자리를 버리는
   것이요, 둘째는 훤칠한 키와 황금빛 얼굴에 삼십이상 팔십종호를 갖추어 삼계에서
   견줄 이가 없는 것이며, 셋째는 그 성품에 팔만사천 온갖 법을 마음대로 거두고
   내놓기도 하여 삼신三身을 오롯하게 갖추는 것인데, 이 세 가지를 다 갖추고 있으므
   로 '희유希有'라고 말하는 것입니다."

2. 육적은 '색성향미촉법' 여섯 가지 경계인 육진을 말하는데, 육진六塵이 '안이비설
   신의' 육근六根을 매개로 하여 중생의 마음을 빼앗아 마음의 보배를 얻을 수 있는
   기회를 훔쳐가므로 육진을 도적에 비유한 것이다.

경이롭고 희유하신 부처님, 부처님이시여!
오묘한 이치로 온갖 번뇌가 사라진 분이시여!
저희들은 어떻게 살아가며 마음을 다스려야 합니까?
살아가면서 마음 다스리는 일이 참으로 어렵나이다.

마음을 다스리고 사는 모습은 불법의 오묘한 도리요
인연 따라 주는 가르침은 너그럽고 자비롭도다
참으로 잘 물었으니 이제 귀 기울여 법문을 들으시오
참마음을 훔치는 여섯 도적들로부터 자유로워지리라.

3. 大乘正宗分

佛告 須菩提
불고 수보리

諸菩薩摩訶薩 應如是降伏其心 所有一切 衆生之類 若卵
제보살마하살 응여시항복기심 소유일체 중생지류 약난

生若胎生 若濕生 若化生 若有色 若無色 若有想 若無想 若
생 약태생 약습생 약화생 약유색 약무색 약유상 약무상 약

非有想非無想 我皆令入 無餘涅槃 而滅度之
비유상비무상 아개영입 무여열반 이멸도지

如是滅度 無量無數 無邊衆生 實無衆生 得滅度者
여시멸도 무량무수 무변중생 실무중생 득멸도자

何以故 須菩提
하이고 수보리

若菩薩 有我相 人相 衆生相 壽者相 卽非菩薩
약보살 유아상 인상 중생상 수자상 즉비보살

3. 모습에 집착한다면 보살이 아니다

부처님께서 수보리에게 말씀하셨다.

"수보리야, 모든 보살마하살은 이와 같이 그들의 마음을 다스려야 하니, 온갖 중생들, 즉 알에서 태어난 중생, 모태에서 태어난 중생, 습기에서 태어난 중생, 생긴 모습을 바꾸어 태어난 중생, 형체가 있는 중생, 형체가 없는 중생, 분별이 있는 중생, 분별이 없는 중생, 분별이 있는 것도 아니고 없는 것도 아닌 중생 이 모두를 '번뇌가 다 사라진 열반'에 들게 하여 제도해야겠다는 마음을 내야 하느니라. 이와 같이 헤아릴 수 없이 많은 중생을 제도하였지만 실로 제도된 중생은 하나도 없다.

왜냐하면 수보리야, 만약 보살이 나라는 모습에 집착하고, 남이라는 모습에 집착하며, 나와 남들이 어울려 생겨나는 우리 중생이라는 모습에 집착하고, 또는 이들 모두의 생명이 영원할 것이라는 모습에 집착한다면 이는 보살이 아니기 때문이다."

空生 初請問_{하자}　善逝應機酬_{하니}
공 생 초 청 문　　선 서 응 기 수

先答云何住_{하며}　次敎如是修_{하네.}
선 답 운 하 주　　차 교 여 시 수

胎生卵濕化_를　咸令悲智收_{하더라도}
태 생 란 습 화　　함 령 비 지 수

若起衆生見_{이면}　還同着相求_{이리라.}
약 기 중 생 견　　환 동 착 상 구

---

1. '공생空生'은 부처님 10대 제자 가운데 '해공제일解空第一 수보리'의 의역이다. 『법
   화문구』에 수보리가 태어날 때 집안에 있는 창고의 상자와 그릇 등이 모두 없어져
   텅 비어버렸다고 한다. 점을 치는 사람에게 물어보니 그 사람이 "참으로 길한 일입
   니다. 텅 빈 것으로 태어났으니 공생空生이라 부르지요."라고 말하였다.[法華文句
   生時家中 倉庫筐篋器皿皆空 問占者 占者言吉 因空而生 字曰空生]
2. 앞서 금강경 원문에서 말한 온갖 중생들, 즉 알에서 태어난 중생, 모태에서 태어난
   중생, 습기에서 태어난 중생, 생긴 모습을 바꾸어 태어난 중생, 형체가 있는 중생,
   형체가 없는 중생, 분별이 있는 중생, 분별이 없는 중생, 분별이 있는 것도 아니고
   없는 것도 아닌 중생 모두를 말한다.

수보리가 법을 청하며 질문을 하자
부처님께서 근기에 맞춰 말씀하시니
어떻게 살아야 할지 먼저 답을 주면서
그 다음에 올바른 수행법을 가르쳐 주네.

태란습화로 태어나는 온갖 중생들
큰 자비로 빠짐없이 제도하더라도
보살이 중생이란 알음알이 일으키면
도리어 집착하는 상만 얻게 되리라.

4. 妙行無住分

復次 須菩提
부차 수보리

菩薩 於法 應無所住 行於布施
보살 어법 응무소주 행어보시

所謂 不住色布施 不住聲香味觸法布施
소위 부주색보시 부주성향미촉법보시

須菩提 菩薩 應如是布施 不住於相 何以故
수보리 보살 응여시보시 부주어상 하이고

若菩薩 不住相布施 其福德 不可思量
약보살 부주상보시 기복덕 불가사량

須菩提 於意云何 東方虛空 可思量不
수보리 어의운하 동방허공 가사량부

不也 世尊
불야 세존

4. 얽매이는 마음이 없이 보시를 해야

"또한 수보리야, 보살은 어떠한 대상에도 얽매이는 마음이 없이 보시해야 한다. 이른바 형색에 얽매이지 않으며, 소리·냄새·맛·촉감·마음의 대상 그 어디에도 얽매이지 않는 마음으로 보시해야 하느니라.

수보리야, 보살은 이와 같이 보시하여 어떤 모습에도 얽매이지 않아야 하니 무슨 까닭이겠느냐?

만약 보살이 어떤 모습에도 얽매이지 않고 보시하면 그 복덕은 헤아릴 수 없을 만큼 크기 때문이다.

수보리야, 그대는 어떻게 생각하느냐? 동쪽 허공의 크기를 헤아릴 수 있겠느냐?"

"헤아릴 수 없습니다, 세존이시여."

須菩提 南西北方 四維上下虛空 可思量不
수보리 남서북방 사유상하허공 가사량부

不也 世尊
불야 세존

須菩提 菩薩 無住相 布施福德 亦復如是 不可思量
수보리 보살 무주상 보시복덕 역부여시 불가사량

須菩提 菩薩 但應如所教住
수보리 보살 단응여소교주

檀波羅密布施頌 曰
단 바라밀보시송 왈

施門通六行　　六行束三檀로세
시 문 통 육 행　　육 행 속 삼 단

資生無畏法이나　聲色勿相干이네.
자 생 무 외 법　　성 색 물 상 간

二邊¹純莫立이고　中道不須安이라
이 변 순 막 립　　중 도 불 수 안

欲覓無生處이면　背境向心觀이어다.
욕 멱 무 생 처　　배 경 향 심 관

---

1. '이변二邊'은 '양변兩邊'이라 말하기도 한다. 서로 상반되는 두 가지 주장에서 한쪽
   에 치우쳐 집착하고 있는 것을 말한다. 이 두 가지 주장을 벗어나 있기에 집착이
   없는 것을 '중도'라고 한다.

"수보리야, 남쪽·서쪽·북쪽의 허공과 그 사이와 위아래에 있는 허공의 크기를 헤아릴 수 있겠느냐?"

"헤아릴 수 없습니다, 세존이시여."

"수보리야, 보살이 어떤 모습에도 얽매임이 없이 보시하는 복덕도 이와 같아 그 크기를 헤아릴 수 없느니라. 수보리야, 보살은 오직 이와 같은 가르침대로 살아야 하느니라."

'단바라밀' 보시의 게송으로 말한다.

보시로써 육바라밀 빠짐없이 실천할 새
육도만행 묶어 보면 세 가지의 보시로세
재물보시 무외보시 법보시로 나눠지나
형색이나 소리로써 나타낼 것 아니라네.

이쪽저쪽 자기주장 내세워선 아니 되고
'중도'라는 마음에도 머물러선 아니 되니
생사 없는 극락정토 찾으려고 마음 낼 땐
경계 떠난 마음 자체 그 실상을 볼지어다.

尸羅波羅蜜持戒頌 曰
시 라 바 라 밀 지 계 송 왈

尸羅得淸淨하니   無量劫來因이라
시 라 득 청 정   무 량 겁 래 인

妄想如怨賊이어   貪愛若參辰[1]이로다.
망 상 여 원 적   탐 애 약 삼 진

在欲而無欲이고   居塵不染塵이어
재 욕 이 무 욕   거 진 불 염 진

權依離垢地[2]하여   當證法王身하리라.
권 의 이 구 지   당 증 법 왕 신

---

1. '삼진參辰'은 삼성과 진성을 말한다. '삼성參星'은 천문의 이십팔수 가운데 스물한
   번째 별자리의 별들이다. 오리온자리 중앙에 나란히 있는 세 개의 큰 별을 말하며
   '삼형제별'이라고도 한다. '진성辰星'은 천문의 북극성을 말한다. '진성'은 새벽에
   뜨고 '삼성'은 초저녁에 뜨기에 한 하늘에 같이 만날 수 없을 정도로 둘 사이의 거리
   가 매우 멀다. 따라서 여기서 말하는 '삼진'은 애욕이 많으면 많을수록 깨달음이나
   극락왕생과의 거리가 멀어진다는 뜻이다.
2. '이구지離垢地'는 온갖 번뇌를 벗어난 마음자리에서 아름다운 부처님의 삶을 살아
   가는 것을 말한다.

'시라바라밀' 지계의 게송으로 말한다.

아름다운 부처님 삶 맑고 맑아 깨끗하니
오랜 세월 닦아 왔던 그 공부가 인연이라
망상이란 공부길의 원수 같고 도적 같아
탐욕 애욕 많을수록 극락왕생 멀어지네.

욕망 속에 살면서도 자기 욕심 전혀 없고
번뇌 속에 살면서도 번거로운 일이 없어
방편으로 아름다운 부처님 삶 의지하여
이 힘으로 온갖 법의 왕이 되어 살아가리.

屬提波羅蜜忍辱頌曰
찬 제 바 라 밀 인 욕 송 왈

忍心如幻夢이고　辱境若龜毛일새
인 심 여 환 몽　　욕 경 약 귀 모

常能修此觀하면　逢難轉堅牢하리.
상 능 수 차 관　　봉 난 전 견 뇌

無非亦無是이어　無下亦無高이네
무 비 역 무 시　　무 하 역 무 고

欲滅貪瞋賊하려면　修行智慧刀하라.
욕 멸 탐 진 적　　수 행 지 혜 도

---

1. '환몽귀모幻夢龜毛'에서 '환幻'은 허깨비요 '몽夢'은 꿈이며 '구모龜毛'는 거북이 털
이다. 이들은 실제 존재하지 않는 것을 상징하여 표현하는 말이다. 수행하는 사람
들은 자기중심적인 고정관념에서 벗어나야 한다. 참으로 '나'라고 내세울 실체가
없는 줄 알면 너와 나의 차별도 있을 수 없다. 따라서 욕을 하고 괴롭히는 주체가
없는 것인데, 또한 욕을 받는 상대는 어디 있겠는가.

'찬제바라밀' 인욕의 게송으로 말한다.

참는 마음 허깨비나 꿈결처럼 실체 없고
욕된 경계 알고 보면 거북이 털 같으므로
마음자리 늘 살펴서 끊임없이 공부하면
어려움에 봉착해도 그 수행은 견고하리.

그를 것도 전혀 없고 옳을 것도 전혀 없어
낮을 것도 전혀 없고 높을 것도 전혀 없네
탐욕 성냄 그 도적을 남김없이 없애려면
칼날 같은 반야지혜 끊임없이 닦아가라.

毘離耶波羅蜜精進頌曰
비 리 야 바 라 밀 정 진 송 왈

進修名焰地라하니　良爲慧光舒라
진 수 명 염 지　　　양 위 혜 광 서

二智[1]心中道요　　三空境上祛일세.
이 지 심 중 도　　　삼 공 경 상 거

無明念念滅일새　　高下執情除하리
무 명 념 념 멸　　　고 하 집 정 제

觀心如不間이면　　何啻至無餘[2]리오.
관 심 여 불 간　　　하 시 지 무 여

---

1. '이지二智'는 두 가지 지혜이다. '근본지根本智'는 늘 고요하면서도 신령스런 앎이 있는 지혜이며 '바른 바탕에 있는 지혜'로 근본무분별지 또는 무분별지라고 말하기도 한다. 그 자체가 진리로서 절대적 지혜이니 이는 '후득지後得智'는 물론 모든 지혜가 나오는 근본이 된다. 후득지는 세간의 차별을 잘 아는 지혜로 '깨달은 뒤에 중생을 돕고자 하는 지혜'이다.

2. '무여열반'은 '번뇌가 다 사라진 열반'이다. '무여無餘'란 나쁜 습기나 번뇌가 없다는 뜻이다. '열반'이란 오롯하게 맑고 깨끗하다는 뜻이니, 잘못 익힌 습기를 모두 다 없애 영원히 다시 생겨나지 않도록 하는 것이 바로 '무여열반'이다.

'비리야바라밀' 정진의 게송으로 말한다.

닦아가는 수행의 길 불꽃처럼 치열하니
지혜 광명 환한 빛이 펼쳐지는 모습이라
근본지와 후득지는 마음속의 가야 할 길
'공도리'는 온갖 경계 떨쳐내는 수단일세.

무명 번뇌 생각마다 그 자리서 사라질 새
깊고 얕은 알음알이 집착의 정 없어지리
삶속에서 마음 챙김 끊임없이 지속되면
어찌 다만 무여열반 이르는 데 그칠쏘냐.

禪波羅蜜禪定頌 曰
선 바 라 밀 선 정 송 왈

禪河隨浪靜이며　定水逐波淸이어
선 하 수 랑 정　　정 수 축 파 청

澄神生覺性이니　息慮滅迷情이라.
징 신 생 각 성　　식 려 멸 미 정

遍計虛分別이어　由來假立名이니
변 계 허 분 별　　유 래 가 입 명

若了依他起하면　無別有圓成¹이라.
약 요 의 타 기　　무 별 유 원 성

---

1. 이 게송에서는 '삼성三性'에 대해 말하고 있다. '삼성'은 세간의 이치를 셋으로 나
눈 변계소집성遍計所執性, 의타기성依他起性, 원성실성圓成實性을 말한다. 변계
소집성은 '본디 없는 것'을 잘못 생각하여 있다고 집착하는 것이요, 의타기성은
모든 법은 서로 의지하여 일어나는 것이기에 자신의 고요한 성품이 없다는 것이
며, 원성실성은 현상의 실다운 성품은 이미 오롯하게 완성되어 있다는 것이다. 원
성실성은 '진공眞空'이요 의타기성은 '연기법'이요 변계소집성은 '분별하는 중생
의 마음'이다.

'선바라밀' 선정의 게송으로 말한다.

선정의 바탕은 물결이 치더라도 늘 고요하며
선정의 바탕은 파도를 쫓더라도 늘 맑고 맑아
맑은 정신에서 깨달음의 성품이 생겨나니
한 생각을 쉬게 되어 어리석은 번뇌 없어라.

두루 경계 집착함은 헛된 분별 집착이어
예로부터 거짓으로 잠시 이름 붙였나니
이것들이 인연 따라 일어난 것 알게 되면
따로 오롯 완성된 것 어디에서 찾으리오.

般若波羅蜜智慧頌 曰
반야바라밀지혜송 왈

慧燈如朗日이나　　蘊界若乾城이라
혜등여랑일　　　　온계약건성

明來暗便謝하듯　　無暇暫時停이로다.
명래암변사　　　　무가잠시정

妄心猶未滅이면　　乃見我人形이지만
망심유미멸　　　　내견아인형

妙智圓光照하면　　唯得一空名이네.
묘지원광조　　　　유득일공명

'반야바라밀' 지혜의 게송으로 말한다.

지혜의 등불은 밝은 해와 같으나
몸과 마음은 신기루와 같은지라
밝은 빛에 천년 어둠이 사라지듯
온갖 번뇌 잠시 머물 겨를도 없구나.

망념들이 아직까지 남아 있다면
'너'와 '나'란 모습들을 보게 되지만
오묘한 지혜로 오롯이 밝게 비추면
오직 하나 한결같은 '공空'일 뿐이네.

萬行齊修頌에 曰
만 행 제 수 송   왈

三大僧祇劫[1]　　萬行具齊修라
삼 대 승 기 겁　　만 행 구 제 수

既悟無人我하여　長依聖道流하네.
기 오 무 인 아　　장 의 성 도 류

二空[2]方漸證할새　三昧任遨遊라
이 공 방 점 증　　삼 매 임 오 유

創居歡喜地하며　常樂遂忘憂하네.
창 거 환 희 지　　상 락 수 망 우

---

1. 보살이 깨달음을 얻기 위해서는 '삼아승지겁'을 수행해야 한다고 한다. 삼아승지
   겁은 아주 오랜 세월을 뜻한다.
2. '나[我]'와 '대상[法]'이 모두 공인 것, 이것이 '이공二空'이다. 색수상행식色受想行識
   '오온五蘊'과 지수화풍地水火風 '사대四大'로 이루어진 중생의 몸과 마음 자체가
   인연이 갖추어져 이루어진 것이기에 실체가 없는 '공空'임을 깨달은 것이다. 앞서
   '너와 나란 실체 없는 것을 깨달아 영원토록 성스런 도 의지를 하네'라고 하였으니
   이는 '공성空性'을 깨달은 것이다.

'온갖 만행을 닦아나가는 게송'으로 말한다.

헤아릴 수 없는 세월 삼아승지겁
온갖 행을 다 갖추어 닦아 왔노라
'너'와 '나'란 실체 없는 것을 깨달아
영원토록 성스런 도 의지를 하네.

아공 법공 시나브로 증득하므로
삼매 속에 노는 것이 자유로워라
처음으로 기쁜 마음 머물러 살며
늘 즐거워 마침내는 근심을 잊네.

若論無相施[1]하면　功德極難量이니
약 론 무 상 시　　공 덕 극 난 량

行悲濟貧乏하되　果報不須望이어다.
행 비 제 빈 핍　　과 보 불 수 망

凡夫情行劣일새　初且略稱揚이지만
범 부 정 행 열　　초 차 략 칭 양

欲知檀狀貌하니　如空徧十方이라.
욕 지 단 상 모　　여 공 변 시 방

---

1. 집착 없는 마음으로 보시를 할 때 모든 중생들을 똑같은 한 몸처럼 알고 베푸는
큰 자비로운 마음이 되니, 이것이 참된 보시이다. 시주하는 사람과 받는 사람, 시주
물은 모두 알고 보면 온갖 인연이 모여 만들어진 본디 실체가 없는 '공空'이므로
베푸는 사람도 없고 받는 사람도 없으며 오가는 물품 그 자체가 없다. 그러므로
여기에 '나'라는 번뇌로써 보시에 집착할 공덕이 조금도 없다.

집착 놓아 상이 없는 참 보시를 논하자면
그 공덕은 지극하여 헤아리기 어려우니
대자비를 베풀어서 가난한 이 구제하되
모름지기 오는 과보 챙길 마음 갖지 마라.

범부들의 알음알이 하열하고 하열해서
칭찬하여 말하기를 처음부터 삼가노라
보시하는 참모습을 이 자리서 알려 하니
허공처럼 그 공덕은 시방세계 두루 하다.

5. 如理實見分

須菩提 於意云何 可以身相 見如來不
수보리 어의운하 가이신상 견여래부

不也 世尊 不可以身相 得見如來 何以故 如來所說身相 卽
불야 세존 불가이신상 득견여래 하이고 여래소설신상 즉

非身相
비신상

佛告 須菩提
불고 수보리

凡所有相 皆是虛妄 若見諸相非相 卽見如來
범소유상 개시허망 약견제상비상 즉견여래

5. 온갖 모습에서 참모습을 보면

"수보리야, 그대는 어떻게 생각하느냐? '몸의 모양'으로 여래를 볼 수 있겠느냐?"

"볼 수 없습니다, 세존이시여. '몸의 모양'으로 여래를 볼 수 있는 것이 아닙니다. 왜냐하면 여래께서 말씀하시는 '몸의 모양'은 '어떤 실물로 나타난 몸의 모양'이 아니기 때문입니다."

부처님께서 수보리에게 말씀하셨다.

"존재하는 '온갖 모습'은 다 허망한 것이니, '온갖 모습'에서 '허망한 모습이 아닌 참모습'을 보면 곧 여래를 보느니라."

如來擧身相은　　爲順世間情이라
여 래 거 신 상　　위 순 세 간 정

恐人生斷見[1]하여　　權且立虛名이로다.
공 인 생 단 견　　　권 차 입 허 명

假言三十二　　　八十[2]也空聲이라
가 언 삼 십 이　　　팔 십 야 공 성

有身非覺體이니　　無相乃眞形이라네.
유 신 비 각 체　　　무 상 내 진 형

---

1. 어떠한 모습이 있다는 상相에 집착한다면 상견常見이고, 어떠한 모습도 없다는
   상相에 집착한다면 단견斷見이다.
2. 부처님의 육신이나 전륜성왕의 몸에 갖추어져 있는 거룩한 용모와 형상 중에서
   특히 현저하게 뛰어난 서른두 가지를 가려서 '삼십이상'이라 한다. 또한 '팔십종호'
   는 '팔십수형호八十隨形好'라고도 하는데, 부처님의 몸에 갖추어진 미묘한 모습이
   다. 32상에 따르는 잘생긴 모양이라는 뜻으로 32상을 다시 세밀하게 나누어 놓은
   것이다. 그런데 여기서 '삼십이상 팔십종호가 방편이며 헛소리'라 하였으니 이 부
   분에 대한 육조 스님의 견해도 다르지 않다. 『육조 스님 금강경』에서는 이 부분에
   대해 다음과 같이 설명하고 있다.
   "색신色身은 '모습이 있는 것'이요 법신法身은 '모습이 없는 것'입니다. 색신은 지수
   화풍地水火風 사대四大가 서로 어울려 부모로부터 태어난 것이니 '육신의 눈'으로
   볼 수 있습니다. 법신은 형상이 없어 청황적백靑黃赤白으로 드러나는 것이 아니므
   로 어떤 모양도 없어 '육신의 눈'으로 볼 수 있는 것이 아니요 '지혜의 눈'이라야
   볼 수 있는 것입니다. 범부는 단지 색신여래만 보고 법신여래를 보지 못하니, 법신
   은 허공과 같다고 생각할 수 있습니다. 이 때문에 부처님께서 수보리에게 '몸의
   모양으로 여래를 볼 수 있겠느냐?'라고 물으시니, 수보리가 범부는 단지 색신여래
   만 보고 법신여래는 보지 못한다는 것을 아는 까닭에 '볼 수 없습니다, 세존이시여.
   몸의 모양으로 여래를 볼 수 있는 것이 아닙니다.'라고 말하는 것입니다."

여래께서 몸의 모양 드러내심은
세상사람 알음알이 따라 주는 것
사람들이 단견 낼까 걱정을 하여
방편으로 거짓 이름 내세우도다.

삽십이상 방편삼아 말을 하지만
팔십종호 이것 또한 헛된 소리라
갖추어진 몸의 모양 부처 아니니
집착 없이 보아야 곧 참다운 모습.

6. 正信希有分

須菩提 白佛言
수보리 백불언

世尊 頗有衆生 得聞如是 言說章句 生實信不
세존 파유중생 득문여시 언설장구 생실신부

佛告 須菩提
불고 수보리

莫作是說 如來滅後 後五百歲 有持戒修福者 於此章句
막작시설 여래멸후 후오백세 유지계수복자 어차장구

能生信心 以此爲實
능생신심 이차위실

6. 참된 믿음을 낼 수 있겠습니까

장로 수보리가 부처님께 사뢰었다.

"세존이시여, 어떤 중생들이 이런 가르침을 듣고 참된 믿음을 낼 수 있겠습니까?"

부처님께서 수보리에게 말씀하셨다.

"그렇게 말하지 말라. 여래께서 열반하신 후 오백 년 뒤에도 부처님 말씀대로 아름답게 계를 지키며 복을 짓고 사는 사람들은 이와 같은 가르침에 믿는 마음을 내리니 이로써 부처님의 세상으로 들어갈 것이니라."

因深果亦深이어　理密奧難尋이고
인심과역심　　　이밀오난심

當來末法世　　　唯慮法將沈이네.
당래말법세　　　유려법장심

空生情未達　　　聞義恐難任하지만
공생정미달　　　문의공난임

如能信此法하면　定是覺人心이로다.
여능신차법　　　정시각인심

뿌리 깊은 업장으로 과보 두터워
그윽하고 참된 이치 알기 어렵고
법 사라진 말법시대 다가오나니
바른 법이 침체될까 염려가 되네.

법을 듣고 어려워서 감당 못하는
중생 있어 수보리는 걱정 많지만
이 법 듣고 믿는 마음 낼 수 있다면
그 중생은 깨달음을 얻게 되리라.

當知
당지

是人 不於一佛二佛 三四五佛 而種善根 已於無量
시인 불어일불이불 삼사오불 이종선근 이어무량

千萬佛所 種諸善根 聞是章句 乃至一念 生淨信者
천만불소 종제선근 문시장구 내지일념 생정신자

須菩提 如來 悉知悉見 是諸衆生 得如是無量福德
수보리 여래 실지실견 시제중생 득여시무량복덕

信根生一念하면　諸佛盡能知라
신근생일념　　　제불진능지

修因於此日하면　證果未來時로다.
수인어차일　　　증과미래시

三大經多劫이라도 六度久安施하여
삼대경다겁　　　　육도구안시

熏成無漏種[1]하면 方號不思議라하니라.
훈성무루종　　　　방호부사의

_____

1. '무루'란 번뇌가 없다는 뜻이다. '무루종자'는 번뇌 종자가 없다는 뜻이니 부처님의
　마음을 말한다.

"그대는 마땅히 알아야 한다. 이 사람은 전생에 부처님 한 분, 두 분, 세 분, 네 분, 다섯 분에게만 선근을 심은 것이 아니라, 이미 헤아릴 수 없이 많은 부처님께 온갖 선근을 심었으므로 이와 같은 가르침을 듣고 한 생각에 맑고 깨끗한 믿음을 낼 것이니라. 수보리야, 여래께서는 이 모든 것을 다 아시고 다 보시니, 이 가르침을 믿는 중생들은 헤아릴 수 없는 무량복덕을 얻게 될 것이다."

굳건한 믿음에서 한 생각 내면
부처님은 빠짐없이 아시는지라
지금여기 부처님 삶 닮아간다면
다가오는 세상에서 부처님 되리.

아승지겁 무수하게 흐르는 동안
육바라밀 오래오래 실천하여서
무루종자 싹을 틔워 번뇌 다하니
생각으론 알 수 없어 부사의라네.

何以故
하 이 고

是諸衆生 無復我相 人相 衆生相 壽者相
시 제 중 생 무 부 아 상 인 상 중 생 상 수 자 상

無法相 亦無非法相
무 법 상 역 무 비 법 상

人空法亦空이니　二相本來同이라.
인 공 법 역 공　　이 상 본 래 동

遍計虛分別이요　依他礙不通이고
변 계 허 분 별　　의 타 애 불 통

圓成沈識海이라　流轉若飄蓬[1]이네.[2]
원 성 침 식 해　　유 전 약 표 봉

欲識無生性이면　心外斷行蹤이어다.
욕 식 무 생 성　　심 외 단 행 종

---

1. '표봉飄蓬'은 가을바람에 흩날리는 솜털처럼 정처 없이 떠도는 것을 말한다.
2. 잘못 알아 분별하는 성품인 '변계소집성', 다른 것에 의지하여 일어나는 성품인 '의타기성', 오롯한 이치 속에 들어간 성품인 '원성실성' 이 삼성도 '공'이므로 이에 집착하면 육도에 윤회할 뿐이다.

"무엇 때문이겠느냐? 이들 모든 중생은 다시는 '나라는 모습, 남이라는 모습, 나와 남들이 어울려 생겨나는 우리 중생이라는 모습, 또는 이들 모두의 생명이 영원할 것이라는 모습'에 집착하지 않기 때문이며, 법이라는 모습에도 집착하지 않고 법이 아니라는 모습에도 집착하지 않기 때문이다."

보는 사람 공이면서 법도 공이니
두 모습이 본디부터 한 가지 모습.

두루두루 따지는 건 허망한 분별
다른 것에 의지함은 장애만 되고
이룬 것은 알음알이 바다뿐이라
이리저리 흩날리듯 육도에 윤회.

생멸 없는 참 성품을 알고자 하면
마음 밖의 모든 자취 끊을지어다.

何以故
하이고

是諸衆生 若心取相 卽爲着我人衆生壽者
시 제 중 생 약 심 취 상 즉 위 착 아 인 중 생 수 자

何以故
하이고

若取法相 卽着我人衆生壽者
약 취 법 상 즉 착 아 인 중 생 수 자

若取非法相 卽着我人衆生壽者
약 취 비 법 상 즉 착 아 인 중 생 수 자

是故
시 고

不應取法 不應取非法
불 응 취 법 불 응 취 비 법

"왜냐하면 이 모든 중생들이 마음에 어떤 모습을 갖게 되면 곧 '나라는 모습에 집착하고, 남이라는 모습에 집착하며, 나와 남들이 어울려 생겨나는 우리 중생이라는 모습에 집착하고, 또는 이들 모두의 생명이 영원할 것이라는 모습에 집착하는 것'이 되기 때문이다.

무슨 까닭이겠느냐? 마음에 법이라는 모습을 갖게 되면 곧 '나라는 모습에 집착하고, 남이라는 모습에 집착하며, 나와 남들이 어울려 생겨나는 우리 중생이라는 모습에 집착하고, 또는 이들 모두의 생명이 영원할 것이라는 모습에 집착하는 것'이 되기 때문이며, 법이 아니라는 모습을 갖게 되도 곧 '나라는 모습에 집착하고, 남이라는 모습에 집착하며, 나와 남들이 어울려 생겨나는 우리 중생이라는 모습에 집착하고, 또는 이들 모두의 생명이 영원할 것이라는 모습에 집착하는 것'이 되기 때문이다.

이렇기 때문에 '법'이라는 모습도 갖지 말아야 하며 '법 아닌 것'이라는 모습도 갖지 말아야 하느니라."

有因名假號[1]　　無相有馳名이라
유인명가호　　무상유치명

有無無別體이어　無有有無形이네.
유무무별체　　무유유무형

有無無自性인데도　妄起有無情하니
유무무자성　　망기유무정

有無如谷響이라　勿着有無聲이어다.
유무여곡향　　물착유무성

---

1. '가호假號'는 다른 판본에서는 '무호無號'라 하기도 한다. (함허 주)

'인因이 있다' 하는 것은 방편으로 부르는 것
'모습 없다' 하는 것은 개념만을 드러낸 것
유有와 무無에 따로 나눌 실체라는 것이 없어
유有와 무無의 형체란 것 있을 일이 전혀 없네.

유有와 무無에 고정관념 자기성품 없는데도
허망하게 유有와 무無란 알음알이 일으키니
알음알이 유有와 무無는 빈 골짜기 메아리라
유有라 무無라 하는 소리 집착하지 말지어다.

以是義故 如來 常說
이시의고 여래 상설

汝等 比丘 知我說法 如筏喩者 法尚應捨 何況非法
여등 비구 지아설법 여벌유자 법상응사 하황비법

渡河須用筏이나　　到岸不須船이듯
도하수용벌　　　　도안불수선

人法知無我라면　　悟理詎勞筌이리오.
인법지무아　　　　오리거노전

中流仍被溺인데　　誰論在二邊이오
중류잉피익　　　　수론재이변

有無如取一하면　　卽被汚心田하리라.
유무여취일　　　　즉피오심전

"이런 뜻으로 여래께서는 늘 '그대 비구들은 내가 말한 법이 뗏목 같은 줄 알아야 한다. 법조차도 오히려 버려야 하거늘, 하물며 법 아닌 것이야 더 말할 필요가 있겠는가?'라고 말씀하셨다."

반드시 강은 뗏목으로 건너야 하지만
언덕에 닿으면 뗏목이 필요치 않듯
사람이나 법에 집착할 게 없음을 알면
이치를 앎에 어찌 방편의 힘을 쓰겠느냐.

'중도'란 이치도 휩쓸리면 잘못되는 것인데
누가 이쪽저쪽 집착함만 논하겠느냐.
유有나 무無 그 한쪽만을 '옳다' 주장한다면
곧바로 마음밭이 오염될 것이니라.

7. 無得無說分

須菩提 於意云何
수보리 어의운하

如來 得阿耨多羅三藐三菩提耶 如來 有所說法耶
여래 득아뇩다라삼먁삼보리야 여래 유소설법야

須菩提言
수보리언

如我解佛所說義 無有定法 名阿耨多羅三藐三菩提
여아해불소설의 무유정법 명아뇩다라삼먁삼보리

亦無有定法 如來可說
역무유정법 여래가설

何以故
하이고

如來所說法 皆 不可取不可說 非法非非法
여래소설법 개 불가취불가설 비법비비법

7. 얻을 수 있는 것도 아니고
말할 수 있는 것도 아니며

부처님께서 수보리에게 말씀하셨다.

"수보리야, 그대는 어떻게 생각하느냐? 여래께서 '더할 나위 없이 높고도 올바른 깨달음'을 얻었느냐? 여래께서 말씀하신 법이 있겠느냐?"

장로 수보리가 말하였다.

"부처님께서 말씀하신 뜻을 제가 알기로는 '더할 나위 없이 높고도 올바른 깨달음'이라 할 만한 결정된 법이 없으며, 또한 여래께서 말씀할 만한 정해진 법도 없습니다.

무슨 까닭이겠습니까? 여래께서 말씀하신 법은 모두 취할 수 있는 것도 아니고 말할 수 있는 것도 아니며, 법도 아니고 법 아닌 것도 아니기 때문입니다."

菩提離言說이어	從來無得人이고
보리 이 언 설		종 래 무 득 인

須依二空理하여야	當證法王身[1]하리라.
수 의 이 공 리		당 증 법 왕 신

有心俱是妄이요	無執乃名眞이라
유 심 구 시 망		무 집 내 명 진

若悟非非法하면	逍遙出六塵[2]하리라.
약 오 비 비 법		소 요 출 육 진

---

1. '법왕法王'은 부처님을 일컫는 다른 표현이다.
2. '육진六塵'은 안이비설신의眼耳鼻舌身意의 '육근六根'에 대응하는 색성향미촉법色
   聲香味觸法을 말한다. 육진을 '육경六境'이라 말하기도 한다.

깨달음은 온갖 말을 벗어나 있어
예로부터 이를 얻은 사람이 없고
모름지기 아공 법공 이치 알아야
오는 세상 법왕의 몸 증득하리라.

마음이 있다는 것 모두 다 거짓
집착함이 없는 것이 참마음이라
'법 아닌 것' 아닌 줄 깨닫게 되면
육진경계 벗어나니 한가로운 삶.

人法俱名執이나　了卽二無爲라
인 법 구 명 집　　　요 즉 이 무 위

菩薩能齊證이나　聲聞離一非로다.
보 살 능 제 증　　　성 문 이 일 비

所知煩惱盡하면　空中無所依니
소 지 번 뇌 진　　　공 중 무 소 의

常能作此觀하면　證果定無疑니라.
상 능 작 차 관　　　증 과 정 무 의

---

1. '번뇌가 다 사라져 달리 할 일이 없는 무위법無爲法'은 분별할 대상이 없어 집착할
   일이 없는 것이며, 시비 분별할 어떤 모습도 없는 것이다. 번뇌가 다 사라져 탁 트인
   고요한 마음에서 광명이 두루 비추고, 그 밝고 환한 빛이 온 세상과 하나가 되어
   온갖 모습으로 드러나는 것이 '무위법으로써 여러 가지 모습을 드러내는 것'이다.
2. 부처님이 말씀하시는 법을 직접 듣고서 고집멸도苦集滅道 사제四諦의 이치에 의지
   하여 깨달음을 얻은 사람은 '성문승'이라고 한다. 성문승은 자신의 수행에만 치중
   하여 깨달음을 얻으려고 하며, 도를 닦는 과정에서 마음에 나타나는 좋은 경계에
   집착하여 마음을 취하려고 하는 경향이 많은 사람이다. 그러므로 오랫동안 수행해
   도 법의 모습과 자신의 알음알이에 집착하여, 모든 법이 본디 공이어서 온갖 문자가
   다 임시로 세워진 것임을 알지 못한다.

"왜냐하면 현자와 성인은 모두 무위법으로써 여러 가지 모습을 드러내고 있기 때문입니다."

'나'와 '경계' 구분하면 모두가 집착
알고 보면 둘 다 모두 무위법이라
보살들은 이 모든 것 깨닫게 되나
성문승은 집착하니 잘못이라네.

거친 번뇌 미세 번뇌 다 없어지면
'공'이어서 의지할 게 전혀 없으니
어느 때나 이런 통찰 하고 산다면
여지없이 깨달음을 증득하리라.

8. 依法出生分

須菩提 於意云何
수보리 어의운하

若人 滿三千大千世界七寶 以用布施
약인 만삼천대천세계칠보 이용보시

是人 所得福德 寧爲多不
시인 소득복덕 영위다부

須菩提言
수보리언

甚多 世尊 何以故 是福德 卽非福德性 是故 如來說 福德多
심다 세존 하이고 시복덕 즉비복덕성 시고 여래설 복덕다

若復有人 於此經中 受持乃至 四句偈等 爲他人說 其福勝
약부유인 어차경중 수지내지 사구게등 위타인설 기복승

彼 何以故 須菩提 一切諸佛 及諸佛阿耨多羅三藐三菩提
피 하이고 수보리 일체제불 급제불아뇩다라삼먁삼보리

法 皆從此經出須菩提 所謂 佛法者 卽非佛法
법 개종차경출수보리 소위 불법자 즉비불법

8. 부처님과 깨달음이 모두 이 경에서 나오다

부처님께서 수보리에게 말씀하셨다.

"수보리야, 그대는 어떻게 생각하느냐? 만약 어떤 사람이 삼천대천세계를 일곱 가지 보배로 가득 채워 보시한다면 이 사람이 얻는 복덕이 얼마나 많겠느냐?"

장로 수보리가 말하였다.

"참으로 많습니다, 세존이시여. 왜냐하면 이 복덕은 곧 복덕의 성품이 아니니, 이 때문에 여래께서 복덕이 많다고 말씀하신 것입니다."

"만약 어떤 사람이 이 경이나 이 가르침 속에 있는 네 구절의 게송만이라도 받아 지녀 다른 사람을 위하여 그 뜻을 일러 준다면 그 복덕은 삼천대천세계를 일곱 가지 보배로 가득 채워 보시한 복덕보다도 더 뛰어날 것이다. 무슨 까닭이겠느냐, 수보리야. 시방세계 부처님과 그분들의 깨달음이 모두 이 가르침에서 나왔기 때문이다. 수보리야, 이른바 부처님의 법이라 집착한다면 그것은 부처님의 법이 아니니라."

寶滿三千界하여　齎持作福田이라도
보 만 삼 천 계　　재 지 작 복 전

唯成有漏業[1]이라　終不離人天이리라.
유 성 유 루 업　　종 불 리 인 천

持經取四句하면　與聖作良緣이라
지 경 취 사 구　　여 성 작 양 연

欲入無爲海하려면 須乘般若船이리.
욕 입 무 위 해　　수 승 반 야 선

---

1. '유루有漏'는 새는 게 있다는 뜻이니, 중생의 마음에서 흘러나오는 번뇌를 말한다.
　그러므로 중생들의 업은 '유루업'이다.

일곱 보배 삼천세계 가득 채워서
이를 갖다 많은 복밭 지어 나가도
이는 복만 주고받는 유루복이라
천상 세계 인간 세상 못 벗어나리.

경을 지녀 사구게를 일러준다면
부처님과 좋은 인연 맺어주는 것
고통 없는 행복 바다 들어가려면
모름지기 반야선을 타야만 하리.

9. 一相無相分

須菩提 於意云何
수보리 어의운하

須陀洹 能作是念 我得須陀洹果不
수다원 능작시념 아득수다원과부

須菩提言 不也世尊
수보리언 불야 세존

何以故 須陀洹 名爲入流 而無所入 不入色聲香味觸法 是
하이고 수다원 명위입류 이무소입 불입색성향미촉법 시

名須陀洹
명수다원

須菩提 於意云何
수보리 어의운하

斯陀含 能作是念 我得斯陀含果不
사다함 능작시념 아득사다함과부

9. 하나 된 모습에서 그 모습조차 없어

"수보리야, 그대는 어떻게 생각하느냐? 욕망으로 살아가는 세계에서 '나에 대한 집착' '계율과 의식에 대한 집착' '법에 대한 의심'이 끊어져 성자의 흐름에 든 사람 수다원이 '나는 수다원의 지위를 얻었다'는 생각을 낼 수 있겠느냐?"

장로 수보리가 말하였다.

"아닙니다, 세존이시여. 왜냐하면 수다원은 성자의 흐름에 들어갔다고 하지만 들어간 곳이 없기 때문입니다. 형색이나 소리·냄새·맛·촉감·마음의 대상 그 어디에도 들어가지 않았기 때문에 수다원이라 말하는 것입니다."

"수보리야, 그대는 어떻게 생각하느냐? 욕망으로 살아가는 세계에서 '감각적 욕망'과 '성내는 마음'이 아직 조금 남아 있어 이를 없애기 위하여 욕망의 세계로 다시 한 번 더 돌아와야 할 사람 사다함이 '나는 사다함의 지위를 얻었다'는 생각을 낼 수 있겠느냐?"

須菩提言
수보리언

不也 世尊
불야 세존

何以故 斯陀含 名一往來 而實無往來 是名斯陀含
하이고 사다함 명일왕래 이실무왕래 시명사다함

須菩提 於意云何
수보리 어의운하

阿那含 能作是念 我得阿那含果不
아나함 능작시념 아득아나함과부

須菩提言 不也 世尊
수보리언 불야 세존

何以故 阿那含 名爲不來 而實無不來 是故 名阿那含
하이고 아나함 명위불래 이실무불래 시고 명아나함

장로 수보리가 말하였다.

"아닙니다, 세존이시여. 왜냐하면 사다함은 욕망의 세계로 다시 한 번 돌아와야 할 사람이라고는 하지만, 실로 돌아와야 할 곳이 없기 때문에 사다함이라 부르는 것입니다."

"수보리야, 그대는 어떻게 생각하느냐? 욕망으로 살아가는 세계에서 '나에 대한 집착', '계율과 의식에 대한 집착', '법에 대한 의심', '감각적 욕망'과 '성내는 마음'이 모두 끊어져 다시는 욕망의 세계로 되돌아오지 않을 사람 아나함이 '나는 아나함의 지위를 얻었다'는 생각을 낼 수 있겠느냐?"

장로 수보리가 말하였다.

"아닙니다, 세존이시여. 왜냐하면 아나함은 욕망의 세계로 다시 오지 않을 사람이라고는 하지만, 실로 다시 오지 않을 곳이 없기 때문에 아나함이라 부르는 것입니다."

捨凡初入聖한뒤　煩惱漸輕微하여
사 범 초 입 성　　번 뇌 점 경 미

斷除人我執하니　創始至無爲로다.
단 제 인 아 집　　창 시 지 무 위

緣塵及身見이　今者乃知非니
연 진 급 신 견　　금 자 내 지 비

七返人天後에¹　趣寂不知歸로다.
칠 반 인 천 후　　취 적 부 지 귀

---

1. 수다원·사다함·아나함·아라한의 사과四果에 각각 향과 과를 배정하여 수다
원향·수다원과, 사다함향·사다함과, 아나함향·아나함과, 아라한향·아라한
과의 여덟이 된다. 그러므로 하늘 인간 반복해서 일곱 번을 오가야 아라한이 될
수 있다. 유신견有身見·계금취견戒禁取見·의疑·감각적 욕망·악의惡意·색계에
대한 집착·무색계에 대한 집착·만慢·도거掉擧·무명 이 열 가지 번뇌 가운데에서,
욕계欲界 세상의 '내 몸이라는 집착[有身見]', '계율과 의식에 대한 집착[戒禁取見]',
'법에 대한 의심[疑]'이 끊어져 성자의 흐름에 든 사람이 수다원[預流果]이다. 욕계
세상의 '감각적 욕망'과 '성내는 마음[惡意]'이 아직 조금 남아 있어 이를 없애기
위하여 욕계에 다시 한 번 더 되돌아와야 할 사람이 사다함[一來果]이다. 욕계 세상
의 '내 몸이라는 집착', '계율과 의식에 대한 집착', '법에 대한 의심', '감각적 욕망'과
'성내는 마음'이 모두 끊어져 다시는 욕계에 되돌아오지 않아도 될 사람이 아나함
[不還果]인데 색계와 무색계에 대한 집착과 만慢·도거掉擧·무명이란 번뇌가 남아
있다. 아라한은 이 모든 번뇌를 끊어 열반을 성취한 다툼이 없는 사람을 말한다.

범부생활 청산하고 성인자리 들어간 뒤
번뇌들이 시나브로 적어지고 가벼워져
'나'와 '남'에 대한 집착 빠짐없이 제거되니
바야흐로 번뇌 없는 무위법에 도달하네.

바깥경계 '나'란 모습 반연하는 모든 것이
지금에야 이르러서 그릇된 줄 알았으니
하늘 인간 반복해서 일곱 번을 오간 뒤에
고요한 곳 나아가니 돌아올 줄 모르도다.

須菩提 於意云何 阿羅漢 能作是念 我得阿羅漢道不
수보리 어의운하 아라한 능작시념 아득아라한도부

須菩提言
수보리언

不也 世尊
불야 세존

何以故 實無有法 名阿羅漢
하이고 실무유법 명아라한

世尊 若阿羅漢 作是念 我得阿羅漢道
세존 약아라한 작시념 아득아라한도

卽爲着我人衆生壽者
즉위착아인중생수자

世尊 佛說 我得無諍三昧 人中最爲第一
세존 불설 아득무쟁삼매 인중최위제일

是第一離欲阿羅漢
시제일이욕아라한

世尊 我 不作是念 我是離欲阿羅漢
세존 아 부작시념 아시이욕아라한

世尊 我 若作是念 我得阿羅漢道
세존 아 약작시념 아득아라한도

世尊 卽不說 須菩提 是樂阿蘭那行者
세존 즉불설 수보리 시요아란나행자

以須菩提 實無所行 而名須菩提 是樂阿蘭那行
이수보리 실무소행 이명수보리 시요아란나행

"수보리야, 그대는 어떻게 생각하느냐? 마음속에 다툼이 없어 고요한 삶을 즐기는 아라한이 '나는 아라한의 도를 얻었다'는 생각을 낼 수 있겠느냐?"

장로 수보리가 말하였다.

"아닙니다, 세존이시여. 왜냐하면 실로 아라한이라고 할 만한 법이 없기 때문입니다. 세존이시여, 만약 아라한이 '나는 아라한의 도를 얻었다'는 생각을 내면 이는 곧 '나라는 모습에 집착하고, 남이라는 모습에 집착하며, 나와 남들이 어울려 생겨나는 우리 중생이라는 모습에 집착하고, 또는 이들 모두의 생명이 영원할 것이라는 모습에 집착하는 것'이기 때문입니다. 세존이시여, 부처님께서 저를 '다툼이 없는 무쟁삼매를 얻은 사람 가운데 최고'라고 하시니, 이는 '온갖 욕망을 떠난 으뜸가는 아라한'이라 말씀하신 것입니다.

세존이시여, 그러나 저는 제가 '온갖 욕망을 떠난 아라한'이라는 생각을 하지 않습니다. 세존이시여, 제가 만약 '나는 아라한의 도를 얻었다' 하면, 세존께서 '수보리는 마음속에 다툼이 없어 고요한 삶을 즐기는 사람'이라고 말씀하시지 않았을 것입니다. 제가 실로 그런 생각이 없기 때문에 '수보리는 마음속에 다툼이 없어 고요한 삶을 즐기는 사람'이라고 말씀하시는 것입니다."

無生亦無滅이며　無我復無人일새
무생역무멸　　　무아부무인

永除煩惱障하니　長辭後有身이니라.
영제번뇌장　　　장사후유신

境亡心亦滅이니　無復起貪瞋이고
경망심역멸　　　무부기탐진

無悲空有智이어　脩然¹獨任眞이네.
무비공유지　　　유연독임진

---

1. '유연脩然'은 사물에 얽매이지 않는 자유로운 모습이다.

태어날 것 멸할 것도 전혀 없으며
'나'도 없고 '남'조차도 모두 없기에
중생들의 온갖 번뇌 다 제거되니
영원토록 육도윤회 벗어나도다.

보는 경계 보는 마음 다 사라지니
탐욕 성냄 일으키는 마음이 없고
베풀 자비 드러내는 지혜가 없어
자유로이 참 성품에 몸을 맡기네.

10. 莊嚴淨土分

佛告 須菩提於意云何 如來 昔在燃燈佛所 於法 有所得不
불고 수보리어의운하 여래 석재연등불소 어법 유소득부

不也 世尊 如來 在燃燈佛所 於法實無所得
불야 세존 여래 재연등불소 어법실무소득

昔時稱善慧[1]러니　今日號能仁[2]일새
석 시 칭 선 혜　　금 일 호 능 인

看緣緣是妄이고　識體體非眞이네.
간 연 연 시 망　　식 체 체 비 진

---

1. '선혜善慧'는 전생 석가모니 부처님의 이름이다. 공부할 때 선혜 선인이었던 석가모니가 항원왕의 법문 요청에 나아가던 연등불을 만나자 긴 머리틸로 진흙길을 덮어 그것을 밟고 지나가게 하였다. 또 금빛 연꽃 일곱 송이를 공양하니 연등불이 "너는 부처가 되어 '석가모니'라 불릴 것이다."라고 수기하였다.
2. '능인能仁'은 '어진 일을 행하는 사람'이라는 뜻으로 범어인 'Śakyamuni'를 의역한 것이다. 흔히 쓰는 석가모니釋迦牟尼는 'Śakyamuni'의 음사이다.

10. 부처님의 국토를 장엄한다는 것은

부처님께서 수보리에게 말씀하셨다.

"그대는 어떻게 생각하느냐? 여래가 옛날 불꽃처럼 빛나는 연등 부처님이 계신 곳에서 얻은 법이 있겠느냐?"

"아닙니다, 세존이시여. 여래께서는 불꽃처럼 빛나는 연등 부처님이 계신 곳에서 실로 얻은 법이 없습니다."

옛날에는 '선혜'라는 이름으로 불리더니
오늘날은 '능인'이라 다른 이름 가졌기에
현상 보면 온갖 인연 거짓으로 잠시 있고
그 바탕도 알고 보면 실체 있는 참 아니네.

法性非因果일새　如理不從因이어
법 성 비 인 과　　여 리 부 종 인

謂得然燈記¹라면　寧知是舊身²이오.
위 득 연 등 기　　영 지 시 구 신

---

1. 선혜 보살이 연등불을 뵙고자 가는 길에 5백 명의 외도에게 법을 설하게 되었는데 그들 모두 제자가 되기를 원하면서 저마다 은전 한 냥씩 공양을 올렸다. 선혜 보살은 돈이 필요하지 않지만 부처님께 공양 올리는 데 쓰려고 받아 지녔다.
   그때 등조왕燈照王이 연등불께 꽃 공양을 올리고자 "아름다운 꽃은 다른 사람한테 팔지 말고 모두 왕한테 가져오라."라고 전국에 명을 내렸다. 선혜 보살도 부처님께 공양을 올리고자 귀한 꽃을 찾다가 한 아가씨한테 일곱 송이를 5백 냥에 사서 '반드시 성불하여 온갖 중생을 제도하리라'는 서원으로 다섯 송이를 허공에 던지니 땅에 떨어지지 않고 아름답게 허공에 떠 있었다. 나머지 두 송이도 던지자 역시 허공에 멈추어 있으니 그때 왕, 백성, 용, 하늘, 팔부신장들이 모두 이 일을 찬탄하였다. 연등불께서 찬탄하기를 "훌륭하구나, 그대는 오랜 세월이 흐른 뒤 부처님이 될 것이니 명호가 석가모니라 불릴 것이다."라고 하셨다.
2. 중생들에게는 온갖 성품과 욕망과 행동과 억측 분별이 있기 때문에, 부처님이 깨달은 많은 인연과 비유, 설법으로 그들을 깨우치려고 전생담을 설한 것이지, 부처님이 연등불이 주는 수기를 받고 부처가 된 것이 아니다. 부처님께서는 헤아릴 수 없이 많은 백천만억 나유타 아승지겁 이전부터 부처이므로 부동불이라고 한다.

법의 성품 인과로써 있는 것이 아니므로
여여 부동 그 이치는 인연 따라 가지 않아
연등불이 주는 수기 받았다고 말한다면
예로부터 변치 않는 부동불을 어찌 알리.

須菩提 於意云何 菩薩 莊嚴佛土不
수보리 어의운하 보살 장엄불토부

不也 世尊 何以故 莊嚴佛土者 卽非莊嚴 是名莊嚴
불야 세존 하이고 장엄불토자 즉비장엄 시명장엄

是故 須菩提 諸菩薩摩訶薩 應如是生淸淨心
시고 수보리 제보살마하살 응여시생청정심

不應住色生心 不應住聲香味觸法生心
불응주색생심 불응주성향미촉법생심

掃除心意地하면   名爲淨土因이라하니
소제심의지   명위정토인

無論福與智하고   先且離貪瞋이라.
무론복여지   선차리탐진

莊嚴[1] 絶能所라   無我亦無人이어
장엄 절능소   무아역무인

斷常俱不染일새   穎脫[2] 出囂塵[3]하리.
단상구불염   영탈 출효진

---

1. 육조 스님은 『육조 스님 금강경』에서 '장엄'을 다음과 같이 풀이하였다.
"장엄에 세 가지가 있으니, 첫째는 세간이라는 불국토를 장엄하는 것이니 절을
짓고 사경하며 보시 공양하는 것이요, 둘째는 몸이라는 불국토를 장엄하는 것이니
모든 사람을 보고 빠짐없이 두루 공경하는 것이며, 셋째는 마음이라는 불국토를
장엄하는 것이니 마음이 깨끗하면 곧 불국토가 깨끗해지므로 생각 생각에 늘 집착
이 없는 마음을 실천하는 것입니다."

"수보리야, 그대는 어떻게 생각하느냐? 보살이 부처님의 국토를 장엄하겠느냐?"

"아닙니다, 세존이시여. 왜냐하면 부처님의 국토를 장엄한다는 것은 곧 어떤 실물로 장엄하는 것이 아니기 때문에 이를 일러 장엄한다고 하는 것입니다."

"그러므로 수보리야, 모든 보살마하살은 이처럼 맑고 깨끗한 마음을 쓰며, 형색에도 얽매이지 말고, 소리·냄새·맛·촉감·마음의 대상에도 얽매이지 말아야 하니"

마음자리 닦아내어 시비 분별 제거하면
이를 일러 말하기를 정토에 갈 씨앗이라
복과 지혜 어떻다고 이야기할 필요 없고
탐욕 성냄 어리석음 우선 먼저 떨쳐내라.

보는 마음 보는 대상 끊어진 게 장엄이라
'나'란 모습 없어지고 '너'란 모습 없어져서
단견 상견 그 어디도 오염되지 않았기에
시끄러운 육진경계 통쾌하게 벗어나리.

---

2. '영탈穎脫'은 자루 속에 송곳을 넣었을 때 뾰족한 송곳 끝이 바로 빠져 나오듯이 사람의 재능이 뛰어나 저절로 나타나게 됨을 뜻한다.

3. '효진囂塵'은 시끄럽고 먼지가 많은 것이니 번잡한 속세의 모습을 의미한다.

應無所住而生其心
응 무 소 주 이 생 기 심

須菩提 譬如有人 身如須彌山王 於意云何 是身爲大不
수 보 리 비 여 유 인 신 여 수 미 산 왕 어 의 운 하 시 신 위 대 부

須菩提言
수 보 리 언

甚大 世尊 何以故 佛說非身 是名大身
심 대 세 존 하 이 고 불 설 비 신 시 명 대 신

須彌高且大일새   將喻法王身하여
수 미 고 차 대   장 유 법 왕 신

七寶齊圍繞하고   六度自 相隣[1]이라.
칠 보 제 위 요   육 도 자 상 인

四色成山相이듯   慈悲作佛因이니
사 색 성 산 상   자 비 작 불 인

有形終不大요   無相乃爲眞이리.
유 형 종 부 대   무 상 내 위 진

---

1. '자自'자는 다른 판본에 '차次'자라고 되어 있다. (함허 주)

"그 어디에도 집착하지 말아야 하느니라. 수보리야, 비유컨대 어떤 사람의 몸이 거대한 수미산과도 같다면 그대는 어떻게 생각하느냐? 그 몸이 크다고 할 수 있겠느냐?"

"참으로 큽니다, 세존이시여. 왜냐하면 부처님께서는 어떤 실물로 나타난 몸이 아닌 것, 이를 일러 큰 몸이라 말씀하셨기 때문입니다."

수미산은 높고 높은 큰 산이므로
부처님의 몸에다가 비유를 하여
가지런히 칠보로써 장엄을 하고
육바라밀 보살행을 이웃 삼노라.

산 빛깔이 청황적백靑黃赤白 어우러지듯
자비로써 성불하는 길을 삼으니
형상 있어 크다는 것 큰 것 아니요
보는 경계 사라져야 참다움 되리.

11. 無爲福勝分

須菩提 如恒河中 所有沙數 如是沙等恒河
수보리 여항하중 소유사수 여시사등항하

於意云何 是諸恒河沙 寧爲多不
어의운하 시제항하사 영위다부

須菩提言 甚多世尊 但諸恒河 尚多無數 何況其沙
수보리언 심다 세존 단제항하 상다무수 하황기사

須菩提 我今實言 告汝 若有善男子 善女人 以七寶滿爾所
수보리 아금 실언 고여 약유 선남자 선여인 이칠보만 이소

恒河沙數 三千大千世界 以用布施 得福多不
항하사수 삼천대천세계 이용보시 득복다부

須菩提言 甚多世尊
수보리언 심다 세존

11. 네 구절의 게송만이라도 일러 준 복덕

"수보리야, 갠지스 강 모래알 수만큼이나 많은 갠지스 강이 있다면, 그대는 어떻게 생각하느냐? 이 모든 갠지스 강에 있는 모래알 수를 많다고 할 수 있겠느냐?"

장로 수보리가 말하였다.

"참으로 많습니다, 세존이시여. 단지 모든 갠지스 강만 해도 헤아릴 수 없이 많거늘, 하물며 그 모래알 수야 더 말할 필요가 있겠습니까?"

"수보리야, 내가 이제 진실한 말로 그대에게 일러 주겠노라. 만약 어떤 선남자 선여인이 저 갠지스 강 모래알 수만큼이나 많은 삼천대천세계를 일곱 가지 보배로 가득 채워 보시한다면 그들이 얻을 복이 많겠느냐?"

"참으로 많습니다, 세존이시여."

佛告 須菩提
불고 수보리

若善男子 善女人 於此經中 乃至受持 四句偈等 爲他人說
약 선 남 자 선 여 인 어 차 경 중 내 지 수 지 사 구 게 등 위 타 인 설

而此福德 勝前福德
이 차 복 덕 승 전 복 덕

恒河數甚多이어　　沙數更難量이라.
항 하 수 심 다　　　사 수 갱 난 량

將沙齊七寶하여　　能持布施漿[1]이라도
장 사 제 칠 보　　　능 지 보 시 장

有相皆爲幻이라　　徒言智慧强이라.[2]
유 상 개 위 환　　　도 언 지 혜 강

若論四句偈라면　　此福未爲長이라.
약 론 사 구 게　　　차 복 미 위 장

---

1. '漿'은 '장裝'의 오자인 듯하다. (함허 주)
2. 양무제가 "제가 평생 절을 짓고 스님들께 공양하고 보시하며 모셔왔는데 여기에 어떤 공덕이 있습니까?"라고 묻자, 달마대사께서는 "조금도 공덕이 없습니다."라고 말하였다. 절을 짓고 스님들께 공양하고 보시하며 모시는 행위는 인과법으로서 복을 구하는 일이니 이것으로는 깨달음을 얻을 수 없다. 칠보를 보시함은 삼계의 부귀영화를 얻겠지만 경전을 받아지님은 깨달음을 이루게 한다. 그러므로 경을 받아 지닌 복덕은 칠보로 보시한 복덕보다 더 수승하다.

부처님께서 수보리에게 말씀하셨다.

"만약 선남자 선여인이 이 경이나 이 가르침 속에 있는 네 구절의 게송만이라도 받아 지녀 다른 사람들을 위하여 그 뜻을 일러 준다면, 이 복덕은 앞에서 말한 일곱 가지 보배로 보시한 복덕보다도 더 뛰어날 것이니라."

갠지스 강 그 숫자는 참으로 많아
강에 있는 모래알 수 다 셀 수 없네.

그 모래알 수만큼의 칠보를 가져
이를 모두 보시하여 복덕 쌓아도
집착 있는 보시라면 이는 다 헛일
부질없는 지혜라고 말할 뿐이라.

사구게를 설한 복에 비교해 보면
이 복덕은 오래가지 못할 것이라.

12. 尊重正教分

復次 須菩提
부차 수보리

隨說是經 乃至 四句偈等 當知 此處 一切世間 天人 阿修羅
수설시경 내지 사구게등 당지 차처 일체세간 천인 아수라

皆應供養 如佛塔廟 何況 有人盡能 受持讀誦
개응공양 여불탑묘 하황 유인진능 수지독송

須菩提 當知 是人成就 最上第一 希有之法 若是經典 所在
수보리 당지 시인성취 최상제일 희유지법 약시경전 소재

之處 卽爲有佛 若尊重弟子
지처 즉위유불 약존중제자

12. 바른 가르침을 존중하고 받들다

다시 부처님께서 수보리에게 말씀하셨다.

"또한 수보리야, 이 경이나 이 가르침 속에 있는 네 구절의 게송만이라도 설하는 곳이 있다면, 마땅히 여기는 모든 세간에 있는 하늘의 신이나 인간, 아수라 등이 부처님이 계시는 절이나 탑처럼 받들어 공양 올려야 할 곳임을 알아야 한다. 하물며 이 가르침을 남김없이 받들어 지니고 독송하는 사람이야 더 말할 필요가 있겠느냐? 수보리야, 그대는 마땅히 이 사람이 세상에서 가장 으뜸가는 경이롭고 희유한 법을 성취한 줄 알아야 한다. 이 경전이 있는 장소는 부처님이 계시는 곳이요 존경하고 받들어 모셔야 할 부처님의 훌륭한 제자들이 있는 곳과 같으니라."

恒沙爲比量　　分爲六種[1] 多라도
항 사 위 비 량　　분 위 육 종 다

持經取四句하면　七寶詎能過리오.
지 경 취 사 구　　칠 보 거 능 과

法門遊歷處　　供養感修羅하네
법 문 유 력 처　　공 양 감 수 라

經中稱最勝이라　尊高似佛陀리라.
경 중 칭 최 승　　존 고 사 불 타

---

1. 여섯 종류의 공양물은 부처님을 공양하는 여섯 가지 물품이다. 맑은 물, 향기로운
향료, 아름다운 꽃, 맛있는 음식, 타오르는 등불, 사르는 향이다. 이를 육바라밀에
배대하여 물은 보시, 향료는 지계, 꽃은 인욕, 음식은 선정, 등불은 지혜, 사르는
향은 정진을 상징한다.

갠지스 강 모래알 수 그보다 많이
부처님께 온갖 공양 올린다 해도
부처님의 가르침을 지니고 살면
이 공덕을 칠보 공양 어찌 따르리.

이 법문이 널리 퍼져 설해지나니
아수라도 감동받아 공양 올리네
경 가운데 무엇보다 뛰어난 경전
부처님을 대하듯이 공경하리라.

13. 如法受持分

爾時 須菩提 白佛言
이시 수보리 백불언

世尊 當何名此經 我等 云何奉持
세존 당 하명차경 아등 운하봉지

佛告 須菩提
불고 수보리

是經名爲 金剛般若波羅蜜 以是名字 汝當奉持
시경명위 금강반야바라밀 이시명자 여당봉지

所以者何 須菩提 佛說般若波羅蜜 卽非般若波羅蜜 是名
소이자하 수보리 불설반야바라밀 즉비반야바라밀 시명

般若波羅蜜
반야바라밀

須菩提 於意云何 如來有所說法不
수보리 어의운하 여래유소설법부

須菩提 白佛言 世尊 如來 無所說
수보리 백불언 세존 여래 무소설

13. 금강반야바라밀을 받아 지녀 설해야 한다

그때 장로 수보리가 부처님께 사뢰어 물었다.

"세존이시여, 이 경의 이름을 무어라 불러야 하며 저희들이 어떻게 받들어 지녀야 합니까?"

부처님께서 수보리에게 말씀하셨다.

"이 경은 '깨달음으로 가는 금강의 지혜'라는 뜻을 지닌 '금강반야바라밀경'이라고 하니, 이 이름으로 그대들은 받들어 지녀야 할 것이다.

왜냐하면 수보리야, 부처님이 말씀하신 '깨달음으로 가는 지혜 반야바라밀'은 '어떤 실체가 있는 반야바라밀'이 아니기 때문에 이를 일러 '반야바라밀'이라고 한다.

수보리야, 그대는 어떻게 생각하느냐? 여래께서 말씀하신 법이 있겠느냐?"

"세존이시여, 여래께서는 법을 말씀하신 바가 없습니다."

名中無有義이고　　義上復無名일새
명 중 무 유 의　　　의 상 복 무 명

金剛喩眞智　　　能破惡堅貞이로다.
금 강 유 진 지　　　능 파 악 견 정

若到波羅岸이면　　入理出迷情이리니
약 도 바 라 안　　　입 리 출 미 정

智人心自覺이고　　愚者外求聲이네.
지 인 심 자 각　　　우 자 외 구 성

이름으로 그 이치를 알 수가 없고
이치에도 들어맞는 명칭 없기에
참된 지혜 상징하는 금강의 반야
굳게 박힌 고정관념 깨뜨리도다.

바라밀로 저 언덕에 이르게 되면
참 이치로 어리석음 벗어나리니
지혜로운 사람들은 스스로 알고
어리석은 사람들은 밖에서 찾네.

須菩提 於意云何 三千大千世界 所有微塵 是爲多不
수보리 어의운하 삼천대천세계 소유미진 시위다부

須菩提言 甚多世尊
수보리언 심다 세존

須菩提 諸微塵 如來說 非微塵 是名微塵
수보리 제미진 여래설 비미진 시명미진

如來說 世界 非世界 是名世界
여래설 세계 비세계 시명세계

積塵成世界일새 析界作微塵이니
적진 성세계   석계작미진

界喩人天果라   塵爲有漏因이네.
계유인천과   진위유루인

塵因因不實이요 界果果非眞이니
진인인불실   계과과비진

果因知是幻이라면 逍遙自在人이네.
과인지시환   소요자재인

"수보리야, 그대는 어떻게 생각하느냐? 삼천대천세계를 이루고 있는 모든 티끌의 수가 많겠느냐?"

"참으로 많습니다, 세존이시여."

"수보리야, 이 모든 티끌을 여래께서 어떤 실체가 있는 티끌이 아니라고 말씀하셨으므로, 이를 일러 티끌이라고 한다. 여래께서 말씀하신 세계도 어떤 실체가 있는 세계가 아니므로, 이를 일러 세계라고 하느니라."

티끌 쌓여 이 세계가 만들어졌고
이 세상을 쪼개 가면 티끌이 되니
비유하면 이 세계는 인천 과보라
온갖 번뇌 그 과보의 원인이 되네.

온갖 번뇌 그 인연은 실상 아니요
인천 과보 이 세계는 참이 아니니
원인 과보 허깨비라 알게 된다면
자유자재 한가로운 사람이라네.

須菩提 於意云何 可以三十二相 見如來不
수보리 어의운하 가이삼십이상 견여래부

不也, 世尊
불야 세존

不可 以三十二相 得見如來
불가 이삼십이상 득견여래

何以故 如來說 三十二相 卽是非相 是名三十二相
하이고 여래설 삼십이상 즉시비상 시명삼십이상

佛問空生相하자   善現答相非니라
불문공생상   선현답상비

一相全無相이니   無相佛何爲오.
일상전무상   무상불하위

了達人空理해도   法空未覺知니
요달인공리   법공미각지

一切全無相이어야 方號大慈悲일세.
일체전무상   방호대자비

"수보리야, 그대는 어떻게 생각하느냐? '서른두 가지 뛰어난 모습'으로 여래를 볼 수 있겠느냐?"

"아닙니다, 세존이시여. '서른두 가지 뛰어난 모습'으로 여래를 볼 수 없습니다. 왜냐하면 여래께서 말씀하신 '서른두 가지 뛰어난 모습'은 어떤 실체가 있는 '서른두 가지 뛰어난 모습'이 아니므로, 이를 일러 '서른두 가지 뛰어난 모습'이라고 하는 것입니다."

부처님이 용모 들어 여래를 묻자
수보리가 대답하길 '모습 아니다'
'한 모습'은 모습조차 전혀 없는 것
'없는 모습' 부처님이 어찌 하리오.

'나'란 실체 '공'인 줄은 알아차려도
온갖 법이 '공'인 줄은 알지 못하니
온갖 법에 집착하는 모습 없어야
바야흐로 대자대비 부처님일세.

須菩提 若有善男子 善女人 以恒河沙等 身命布施
수보리 약유선남자 선여인 이항하사등 신명보시

施命如沙數해도　人天業轉深하리니
시 명 여 사 수　　　 인 천 업 전 심

既掩菩提相이라　能障涅槃心이로다.
기 엄 보 리 상　　　 능 장 열 반 심

猿猴探水月하듯　閬蕩拾花針하듯
원 후 탐 수 월　　　 랑 탕 습 화 침

愛河浮更沒하며　苦海出還沈이로다.
애 하 부 갱 몰　　　 고 해 출 환 침

"수보리야, 만약 어떤 선남자 선여인이 갠지스 강의 모래알 수
만큼이나 많은 몸과 목숨을 바쳐 보시했더라도"

갠지스 강 모래만큼 목숨 바쳐도
인천의 업 더욱 더욱 깊어지리니
이미 이는 깨달음을 가리는 모습
열반으로 가는 길을 막아 선 마음.

원숭이가 물속의 달 건지려 하듯
바다에서 작은 바늘 주우려 하듯
애욕의 강 끊임없이 떠다니면서
생사고해 넘나들길 끝이 없구나.

若復有人
약 부 유 인

於此經中 乃至 受持四句偈等 爲他人說 其福甚多
어 차 경 중 내 지 수 지 사 구 게 등 위 타 인 설 기 복 심 다

經中持四句하여　　應當不離身이라
경 중 지 사 구　　　　응 당 불 리 신

愚人看似夢하고　　智者見唯眞이네.
우 인 간 사 몽　　　　지 자 견 유 진

法性無前後하고　　無中非故新이라
법 성 무 전 후　　　　무 중 비 고 신

蘊¹空無實體어니　　憑何見有人이리오.
온 공 무 실 체　　　　빙 하 견 유 인

---

1. '오五'는 다섯이고 '온蘊'은 쌓아놓았다는 뜻이니, '오온'은 다섯 가지 내용물을 모아놓은 무더기이다. 물질을 모아놓은 무더기인 '색온色蘊', 바깥의 경계를 받아들이는 마음작용을 모아놓은 '수온受蘊', 수온을 마음속에 떠올려 이전의 경험을 바탕으로 어떤 모습을 그려나가는 마음작용을 모아놓은 '상온想蘊', 상온想蘊을 통하여 어떤 알음알이 판단을 내리기까지의 과정에 해당하는 마음작용을 모아놓은 '행온行蘊', 행온을 통하여 어떤 알음알이 판단을 내리는 마음작용을 모아놓은 '식온識蘊' 이 다섯 가지 내용물을 '오온'이라고 한다. 오온은 결국 중생의 몸과 알음알이 마음작용을 말한다. '사대四大'는 우리 몸을 구성하는 지수화풍地水火風 네 가지 요소를 말한다. 사람이 죽으면 머리털과 손톱, 치아와 살갗, 근육과 뼈, 골과 뇌 등으로 만져지는 모든 것은 썩어서 땅[地]으로 돌아가고, 콧물과 피고름, 침과 눈물, 정액과 대소변 등으로 손에 적셔지는 축축한 모든 것은 물[水]로 돌아가며, 몸의 따뜻한 기운은 불기운[火]으로 돌아가고, 들숨과 날숨같이 몸속에서 움직이는 모든 기운은 바람[風]으로 돌아간다.

"어떤 사람이 이 경이나 이 가르침 속에 있는 네 구절의 게송만이라도 받아 지녀 다른 사람들을 위하여 그 뜻을 일러 준다면, 이 복덕은 헤아릴 수 없이 많은 몸과 목숨을 바쳐 보시한 복덕보다도 더 뛰어날 것이니라."

부처님의 가르침을 언제나 지녀
잠시라도 이 몸에서 잊지 말아라
어리석은 사람들은 꿈처럼 보고
지혜로운 사람들은 진리만 보네.

법의 성품 앞뒤 없고 중간도 없어
예전 것도 지금 것도 아니로구나
사대오온 '공'이어서 실체 없으니
그 무엇에 의지하고 그 누굴 보리.

14. 離相寂滅分

爾時 須菩提 聞說是經 深解義趣 涕淚悲泣 而白佛言
이시 수보리 문설시경 심해의취 체루비읍 이백불언

希有 世尊 佛說 如是 甚深經典
희유 세존 불설 여시 심심경전

我從昔來 所得慧眼 未曾得聞 如是之經
아종석래 소득혜안 미증득문 여시지경

聞經深解義하고는　心中喜且悲이니
문경심해의　　　심중희차비

昔除煩惱障[1]하고서　今能離所知라네.
석제번뇌장　　　　금능리소지

偏計於先了하여야　圓成證此時이니
변계어선요　　　　원성증차시

宿乘無礙慧하며　方便勸人持하네.
숙승무애혜　　　방편권인지

---

1. '번뇌장'은 인간의 몸이 오온이 임시로 모인 존재에 불과한데 '나'라고 집착하여
　열반을 장애하고 삶과 죽음에 윤회하는 번뇌로 거친 번뇌이다. '소지장所知障'은
　참다운 지혜가 드러나는 것을 방해하는 번뇌로 미세한 번뇌를 말한다.

14. 집착을 떠난 것 이를 일러 '부처님'이라 한다

이때 수보리가 이 경의 가르침을 듣고 그 뜻을 깊이 깨닫고는 벅찬 감동의 눈물을 흘리면서 부처님께 사뢰었다.

"경이롭고 희유하십니다, 세존이시여. 부처님께서 이처럼 뜻이 깊은 경전을 말씀하시는 것을 제가 예전에 얻은 지혜의 눈으로도 일찍이 듣고 본 적이 없습니다."

경을 듣고 깊은 뜻을 알고 나서는
기쁨 속에 슬픈 마음 교차가 되니
지난날의 거친 번뇌 떨어내고서
오늘에야 미세 번뇌 여의게 되네.

두루두루 집착함을 먼저 알아야
참 오롯한 깨달음을 이때 얻으니
예로부터 걸림 없는 지혜로 살며
방편을 써 가르침을 지니게 했네.

世尊
세존

若復有人 得聞是經 信心淸淨 卽生實相
약부유인 득문시경 신심청정 즉생실상

當知 是人成就 第一希有功德
당지 시인성취 제일희유공덕

世尊 是實相者 卽是非相 是故 如來說 名實相
세존 시실상자 즉시비상 시고 여래설 명실상

未有無心境이고　曾無無境心이어
미유무심경　　　증무무경심

境亡心自滅이고　心滅境無侵이라.
경망심자멸　　　심멸경무침

經中稱實相이지만 語妙理能深이어
경중칭실상　　　어묘리능심

證知唯有佛이라　小聖¹詎堪任이리오.
증지유유불　　　소성 거감임

"세존이시여, 어떤 사람이 이 가르침을 듣고 맑은 믿음을 낸다면 참다운 모습을 알게 되니, 마땅히 이 사람은 이 세상에서 으뜸가는 경이롭고 희유한 공덕을 성취한 줄 알아야 합니다.

세존이시여, 이 가르침의 '참다운 모습'이란 곧 '어떤 실체가 있는 모습'이 아니니, 이런 까닭으로 여래께서는 '참다운 모습'이라 말씀하시는 것입니다."

마음 없이 대상경계 있을 수 없고
경계 없이 보는 마음 있을 수 없어
대상 경계 사라지면 마음도 없고
보는 마음 없어지면 경계도 없다.

경에서는 실상이라 가르치지만
그 말씀이 오묘하고 이치가 깊어
증득해서 아시는 분 오직 부처님
성문승과 연각승이 어찌 알리오.

世尊
세존

我今得聞 如是經典 信解受持 不足爲難 若當來世 後五百
아금득문 여시경전 신해수지 부족위난 약당래세 후오백

歲 其有衆生 得聞是經 信解受持 是人 卽爲第一希有
세 기유중생 득문시경 신해수지 시인 즉위제일희유

何以故
하이고

此人 無我相 無人相 無衆生相 無壽者相
차인 무아상 무인상 무중생상 무수자상

所以者何 我相 卽是非相 人相 衆生相 壽者相 卽是非相
소이자하 아상 즉시비상 인상 중생상 수자상 즉시비상

何以故 離一切諸相 卽名諸佛
하이고 이일체제상 즉명제불

"세존이시여, 제가 지금 이 경전의 가르침을 듣고서 그대로 믿고 알아 받아 지니는 것은 그리 어려운 일이 아닙니다.

그러나 뒷날 오백 년이 지난 후에 어떤 중생이 이 가르침을 듣고서 믿고 알아 받아 지닌다면, 이 사람은 세상에서 가장 경이롭고 희유한 사람이 될 것입니다.

왜냐하면 이 사람은 '나라는 모습, 남이라는 모습, 나와 남들이 어울려 생겨나는 우리 중생이라는 모습, 또는 이들 모두의 생명이 영원할 것이라는 모습'에 집착하지 않기 때문입니다. 무슨 말인가 하면, '나라는 모습'은 어떤 실체가 있는 나라는 모습이 아니요, '남이라는 모습, 나와 남들이 어울려 생겨나는 우리 중생이라는 모습, 또는 이들 모두의 생명이 영원할 것이라는 모습' 그 어느 것도 곧 어떤 실체가 있는 모습이 아니기 때문입니다. 왜냐하면 온갖 모습에 대한 집착을 떠난 것 이를 일러 '부처님'이라 부르기 때문입니다."

空生聞妙理　　如蓬植在麻[1]이듯
공 생 문 묘 리　　여 봉 식 재 마

凡流信此法하면　同火出蓮華리라.
범 류 신 차 법　　동 화 출 연 화

恐人生斷見하여　大聖預開遮하니
공 인 생 단 견　　대 성 예 개 차

如能離諸相하면　定入法王家리라.
여 능 리 제 상　　정 입 법 왕 가

---

1. '삼밭에 나는 쑥[麻中之蓬]'이라는 말이 있다. 구부러진 쑥도 삼밭에 나면 저절로
   꼿꼿하게 자라듯이 좋은 환경에 있거나 좋은 벗과 사귀면 자연히 주위의 감화를
   받아서 선인이 됨을 비유해 이르는 말이다.

수보리가 묘한 이치 듣고 보는 것
삼밭에서 곧게 크는 쑥 모습 같아
사람들이 이 불법을 믿기만 하면
불 속에 핀 연꽃과도 같아지리라.

사람들이 단견 낼까 걱정을 하여
부처님이 방편으로 제도하시니
집착하는 온갖 모습 벗어난다면
틀림없이 법왕 집에 들어가리라.

佛告 須菩提
불고 수보리

如是如是 若復有人 得聞是經 不驚 不怖 不畏
여시여시 약부유인 득문시경 불경 불포 불외

當知 是人 甚爲希有
당지 시인 심위희유

如能發心者는   應當了二邊이니
여능발심자   응당요이변

涅槃無有相이요   菩提離所緣이로다.
열반무유상   보리이소연

無乘及乘者라   人法兩俱捐하니
무승급승자   인법양구연

欲達眞如理라면   應當識本源이니라.
욕달진여리   응당식본원

부처님께서 수보리에게 말씀하셨다.

"맞다, 맞는 말이다. 어떤 사람이 이 가르침을 듣고서 놀라거나 두려워하지 않고 멀리하지 않는다면 이 사람은 참으로 경이롭고 희유한 사람인 줄 알아야 하느니라."

도 닦고자 처음 마음 내는 사람은
집착하는 온갖 실체 알아야 하니
열반이란 어떤 모양 없는 것이요
깨달음은 온갖 반연 벗어나는 것.

'가르침'도 '배울 이'도 없는 것이라
'나'와 '법'에 집착한 것 함께 버리니
진여 이치 참다운 뜻 알고자 하면
본디 근원 그 자리를 알아야 한다.

何以故 須菩提
하이고 수보리

如來說 第一波羅蜜 卽非第一波羅蜜 是名第一波羅蜜
여래설 제일바라밀 즉비제일바라밀 시명제일바라밀

波羅稱彼岸하니　於中千種名이라도
바 라 칭 피 안　　어 중 천 종 명

高卑緣妄識이요　次第爲迷情이로다.
고 비 연 망 식　　차 제 위 미 정

焰裏尋求水하고　空中覓響聲이나
염 리 심 구 수　　공 중 멱 향 성

眞如何得失이리오 今始號圓成일세.
진 여 하 득 실　　금 시 호 원 성

"왜냐하면 수보리야, 여래께서 말씀하신 '깨달음으로 가는 최상의 방편'은 어떤 실체가 있어 '깨달음으로 가는 최상의 방편'이라 하는 것이 아니므로, 이를 일러 '깨달음으로 가는 최상의 방편'이라고 하기 때문이다."

보살행이 곧 정토라 할 수 있으니
그 가운데 온갖 명칭 따라다녀도
높고 낮음 따지는 것 알음알이요
앞뒤 순서 있다는 건 어리석은 짓.

활활 타는 불 속에서 찬물을 찾고
허공에서 메아리를 찾고 있으나
진여에서 얻고 잃음 어찌 있을까
지금에야 참 오롯한 깨달음일세.

須菩提
수보리

忍辱波羅蜜 如來說 非忍辱波羅蜜 是名忍辱波羅蜜
인욕바라밀 여래설 비인욕바라밀 시명인욕바라밀

何以故 須菩提
하이고 수보리

如我昔爲歌利王 割截身體
여아석위가리왕 할절신체

我於爾時 無我相 無人相 無衆生相 無壽者相
아어이시 무아상 무인상 무중생상 무수자상

何以故
하이고

我於往昔 節節支解時
아어왕석 절절지해시

若有我相 人相 衆生相 壽者相 應生嗔恨
약유 아상 인상 중생상 수자상 응생진한

須菩提
수보리

又念過去 於五百世 作忍辱仙人
우념과거 어오백세 작인욕선인

於爾所世 無我相 無人相 無衆生相 無壽者相
어이소세 무아상 무인상 무중생상 무수자상

"수보리야, '깨달음으로 가는 인욕'도 여래께서 어떤 실체가 있어 참아야 하는 '깨달음으로 가는 인욕'이 아니라고 말씀하시므로 이를 일러 '깨달음으로 가는 인욕'이라고 하느니라.

무슨 까닭이겠느냐, 수보리야. 옛날 가리왕이 예리한 칼로 나의 몸을 잘라서 토막 낼 때, 그때 나는 '나라는 모습, 남이라는 모습, 나와 남들이 어울려 생겨나는 우리 중생이라는 모습, 또는 이들 모두의 생명이 영원할 것이라는 모습'에 집착하지 않았기 때문이다.

무슨 말인고 하면, 내 몸이 마디마디 사지가 찢길 때에 '나라는 모습에 집착하고, 남이라는 모습에 집착하며, 나와 남들이 어울려 생겨나는 우리 중생이라는 모습에 집착하고, 또는 이들 모두의 생명이 영원할 것이라는 모습에 집착하는 것'이 있었다면, 반드시 나는 가리왕에게 성내고 원망하는 마음을 냈을 것이기 때문이다.

수보리야, 또 과거 오백세에 인욕선인으로 살던 일을 생각하니 그때 세상에서도 나는 '나라는 모습, 남이라는 모습, 나와 남들이 어울려 생겨나는 우리 중생이라는 모습, 또는 이들 모두의 생명이 영원할 것이라는 모습'에 집착이 없었다."

暴虐唯無道일새　時稱歌利王[1]이라
포학유무도　　　시칭가리왕

逢君出遊獵하니　仙人橫被傷이네.
봉군출유엽　　　선인횡피상

頻經五百世하여　前後極時長이지만
빈경오백세　　　전후극시장

承仙忍辱力이어　今乃證眞常이로다.
승선인욕력　　　금내증진상

---

1. '가리왕'은 범어로 '극악무도한 임금'이라는 뜻을 가지고 있다. 부처님이 인욕선인
   으로 수행할 때 가리왕이 사냥을 나갔다가 자신의 궁녀들에게 인욕선인이 법문하
   는 모습을 보고 잡아들여 그의 팔다리를 끊었다고 한다.

잔인하고 포학하기 그지없기에
그런 사람 가리켜서 '가리왕'이라
가리왕을 만나게 된 사냥터에서
인욕선인 어이없이 칼질 당하네.

긴긴 세월 오백세를 여러 번 지나
앞과 뒤로 흐른 시간 알 수 없지만
인욕선인 참는 그 힘 이어나가서
오늘에야 영원한 삶 증득하도다.

是故 須菩提 菩薩 應離一切相 發阿耨多羅三藐三菩提心
시고 수보리 보살 응리일체상 발아뇩다라삼먁삼보리심

不應住色生心 不應住聲香味觸法生心 應生無所住心
불응주색생심 불응주성향미촉법생심 응생무소주심

若心有住 卽爲非住
약심유주 즉위비주

是故 佛說 菩薩 心不應住色布施
시고 불설 보살 심불응주색보시

須菩提 菩薩 爲利益一切衆生 應如是布施
수보리 보살 위이익일체중생 응여시보시

菩薩懷深智   何時不帶悲오
보살 회 심 지   하 시 부 대 비

投身憂虎餓하고   割肉濟¹鷹飢하네.
투 신 우 호 아   할 육 제 응 기

精勤三大劫하되   曾無一念疲하니
정 근 삼 대 겁   증 무 일 념 피

如能同此行이면   皆得作天師니라.
여 능 동 차 행   개 득 작 천 사

---

1. ‘제濟’는 다른 판본에는 ‘공恐’이라고 되어 있다. (함허 주)

"그러므로 수보리야, 보살은 온갖 허망한 모습을 떠나 '더할 나위 없이 높고도 올바른 깨달음'을 얻고자 마음을 내야 한다. 형색에 얽매이지 말고 소리·냄새·맛·촉감·마음의 대상에도 얽매이지 않아 반드시 그 어디에도 집착하지 않는 마음을 내야 한다. 만약 마음이 어떤 대상에 얽매여 있다면 이는 곧 보살이 머무를 곳이 아니기 때문이다. 이런 까닭에 부처님께서 '보살은 형색에 집착하여 보시해서는 안 된다'라고 말씀하시느니라. 수보리야, 보살은 모든 중생을 이롭게 하기 위하여 이처럼 보시 해야 하느니라."

깊은 지혜 품고 사는 인욕보살이
어느 땐들 자비로운 마음 없을까
굶주려진 호랑이에 몸을 던지고
살을 떼어 송골매의 배를 채우네.

삼아승지 긴긴 세월 공부를 하되
한순간도 고달픈 줄 모르고 사니
하나같이 이런 수행 할 수 있다면
하늘 신과 인간 세상 스승 되리라.

如來說 一切諸相 卽是非相
여래설 일체제상 즉시비상

又說 一切衆生 卽非衆生
우설 일체중생 즉비중생

須菩提
수보리

如來 是眞語者 實語者 如語者 不誑語者 不異語者
여래 시진어자 실어자 여어자 불광어자 불이어자

衆生與蘊界[1]　　名別體非殊하고
중생여온계　　명별체비수

了知心似幻하나　迷情見有餘라네.
요지심사환　　미정견유여

眞言言不妄이요　實語語非虛하니
진언언불망　　실어어비허

始終無變異이어　性相本來如로다.
시종무변이　　성상본래여

---

1. '온蘊'은 오온五蘊이고 '계界'는 십팔계十八界를 말한다. 오온은 색수상행식을 말하고 십팔계는 안이비설신의 육근六根과 색성향미법의 육진六塵, 육근으로 육진을 판단하는 중생의 마음 작용인 육식六識을 합한 것이다.

"여래께서는 '온갖 모습도 곧 어떤 모습이라고 할 실체가 있는 것이 아니다' 하고, 또 '모든 중생도 곧 중생이라고 할 어떤 실체가 있는 것이 아니다'라고 말씀하셨다.

수보리야, 여래께서는 참말을 하시는 분이며, 알찬 말을 하시는 분이며, 있는 그대로의 말을 하시는 분이며, 속이지 않는 말을 하시는 분이며, 틀린 말을 하시지 않는 분이시다."

중생들의 인식작용 오온 십팔계
이름들은 다르지만 그 바탕 같고
'환'과 같은 그 마음을 안다고 하나
어리석은 중생들은 집착이 남네.

참된 말은 거짓되지 않은 말이요
진실한 말 헛된 말이 아닐 것이니
처음과 끝 변하거나 다르지 않아
'성性'과 '상相'이 본디부터 여여 하도다.

須菩提 如來所得法 此法 無實無虛
수보리 여래소득법 차법 무실무허

證空便爲實하고　執我乃成虛이지만
증 공 변 위 실　　집 아 내 성 허

非空亦非有이니　誰有復誰無리오.
비 공 역 비 유　　수 유 부 수 무

對病應施藥하지만 無病藥還袪니
대 병 응 시 약　　무 병 약 환 거

須觀二空理하여야 穎脫入無餘니라.
수 관 이 공 리　　영 탈 입 무 여

"수보리야, 여래께서 깨달으신 법, 이 법은 참된 것도 아니요,
헛된 것도 아니니라."

'공空'의 도리 증득하면 실상이 되고
'나'란 모습 집착하면 헛것 되지만
본디 '공空'도 아니면서 '유有'도 아니니
그 누구를 '있다' 하고 '없다' 하리오.

병에 따라 맞는 약을 처방하지만
병 없으면 아무 약도 필요 없으니
모름지기 '아공' '법공' 이치 보아야
걸림 없이 무여열반 들어가리라.

須菩提 若菩薩 心住於法 而行布施 如人入闇 卽無所見
수보리 약보살 심주어법 이행보시 여인입암 즉무소견

若菩薩 心不住法而行布施 如人有目 日光明照 見種種色
약보살 심부주법이행보시 여인유목 일광명조 견종종색

不拘寂靜地하여야　縱橫觸處通이니
불구적정지　　　종횡촉처통

若心依相住하면　有作枉施工일세.
약심의상주　　　유작왕시공

離法如行慧라면　淸光一鏡中
이법여행혜　　　청광일경중

靈源常獨照하니　坦蕩總含容이네.
영원상독조　　　탄탕총함용

須菩提 當來之世 若有 善男子 善女人 能於此經 受持讀誦
수보리 당래지세 약유 선남자 선여인 능어차경 수지독송

卽爲如來 以佛智慧 悉知是人 悉見是人 皆得成就 無量無
즉위여래 이불지혜 실지시인 실견시인 개득성취 무량무

邊功德
변공덕

"수보리야, 만약 보살이 어떤 대상에 집착하여 보시한다면, 이는 어둠 속에 들어가 아무것도 보지 못하는 것과 같다.
만약 보살이 어떤 대상에 집착하지 않고 보시한다면, 이는 눈 밝은 사람이 환한 대낮에 온갖 사물을 보는 것과 같으니라."

고요하고 맑은 경계 걸림 없어야
어디든지 간 곳마다 도에 통하니
어떤 모습 의지하여 집착한다면
하는 족족 잘못이어 헛수고일세.

법에 대한 집착 떠나 지혜롭다면
거울 같은 마음에서 맑게 빛나는
신령스런 그 근원이 항상 비추어
넓고 넓은 마음 안에 모든 게 있네.

"수보리야,
오는 세상에 선남자 선여인이 이 경을 받아 지녀 읽고 외운다면,
여래께서 깨달음의 지혜로 이 사람들을 다 알고 보시니, 이들 모두는 헤아릴 수 없이 많은 공덕을 성취할 것이니라."

15. 持經功德分

須菩提 若有善男子 善女人
수보리 약유 선남자 선여인

初日分 以恒河沙 等身布施
초일분 이항하사 등신보시

中日分 復以恒河沙 等身布施
중일분 부이항하사 등신보시

後日分 亦以恒河沙 等身布施
후일분 역이항하사 등신보시

如是 無量百千萬億劫 以身布施
여시 무량백천만억겁 이신보시

若復有人 聞此經典 信心不逆 其福勝彼
약부유인 문차경전 신심불역 기복승피

何況 書寫受持讀誦 爲人解說
하황 서사 수지독송 위인해설

15. 이 가르침에는 많은 공덕이 있어

"수보리야, 어떤 선남자 선여인이 아침에 갠지스 강의 모래알 수만큼이나 많은 몸을 바쳐 보시하고, 낮에 또 갠지스 강의 모래알 수만큼이나 많은 몸을 바쳐 보시하며, 다시 저녁에도 갠지스 강의 모래알 수만큼이나 많은 몸을 바쳐 보시하며, 이와 같이 헤아릴 수 없이 많은 세월에 걸쳐 자신의 몸을 바쳐 보시하여도,

만약 어떤 사람이 이 경전의 가르침을 듣고서 믿는 마음이 일어나 거스르지 않고 그대로 따른다면, 이 복덕은 헤아릴 수 없이 많은 세월에 걸쳐 자신의 몸을 바쳐 보시한 복덕보다도 더 뛰어날 것인데,

하물며 이 경전을 쓰고 받아 지녀 읽고 외우면서 남을 위하여 그 뜻을 일러 주는 복덕이야 어찌 더 말할 필요가 있겠느냐?"

衆生及壽者　　蘊上立虛名이라
중 생 급 수 자　　온 상 입 허 명

如龜毛不實이고　似兎角無形이네.
여 구 모 불 실　　사 토 각 무 형

捨身由妄識이고　施命爲迷情이니
사 신 유 망 식　　시 명 위 미 정

詳論福比智하면　不及受持經이리라.
상 론 복 비 지　　불 급 수 지 경

아상 인상 중생상과 수자상이란
오온 위에 부질없이 세워진 이름
이는 모두 거북 털로 실체가 없고
토끼 뿔과 같으므로 형상이 없네.

몸 보시는 허망 분별 말미암았고
목숨 보시 알고 보면 어리석으니
그 복덕을 지혜에다 비교해 보면
경을 지닌 그 공덕을 못 따라가리.

須菩提 以要言之
수보리 이요언지

是經 有不可思議 不可稱量 無邊功德
시경 유불가사의 불가칭량 무변공덕

如來 爲發大乘者說 爲發最上乘者說
여래 위발대승자설 위발최상승자설

若有人 能受持讀誦 廣爲人說
약유인 능수지독송 광위인설

如來 悉知是人 悉見是人
여래 실지시인 실견시인

皆得成就 不可量 不可稱 無有邊 不可思議功德
개득성취 불가량 불가칭 무유변 불가사의공덕

如是人等 卽爲荷擔 如來阿耨多羅三藐三菩提
여시인등 즉위하담 여래아뇩다라삼먁삼보리

何以故 須菩提
하이고 수보리

若樂小法者
약요소법자

着我見 人見 衆生見 壽者見
착아견 인견 중생견 수자견

卽於此經 不能 聽受讀誦 爲人解說
즉어차경 불능 청수독송 위인해설

"수보리야, 요점을 말하자면 이 가르침에는 생각할 수도 없고 헤아릴 수도 없는 끝없이 많은 공덕이 있느니라. 여래께서는 '모든 중생과 함께 깨달음으로 가는 공부'에 마음을 낸 사람들을 위하여 이 가르침을 설하셨으며, '부처님의 세상으로 가는 최상승의 길'에서 마음을 낸 사람들을 위하여 이 가르침을 설하셨기 때문이다.

만약 어떤 사람이 이 가르침을 받아 지녀 읽고 외우면서 널리 다른 사람들을 위하여 그 뜻을 일러 준다면, 여래께서는 이 사람들을 모두 알고 보시고 함께하시니, 이들 모두는 헤아릴 수 없고 그 끝을 알 수 없는 불가사의한 공덕을 성취할 것이니라. 이런 사람들은 여래의 '더할 나위 없이 높고도 올바른 깨달음'을 얻게 될 것이다.

왜냐하면 수보리야, 작은 것에 집착하여 좁은 소견을 지닌 사람들은 '나라는 생각에 집착하고, 남이라는 생각에 집착하며, 우리 중생이라는 생각에 집착하고, 또는 이들 모두의 생명이 영원할 것이라는 생각에 집착하고 있는 것'과 같으니, 이 경의 가르침을 듣고 받아 읽고 외워서 다른 사람들을 위하여 그 뜻을 일러 줄 수 없기 때문이다."

所作依他性하고　修成功德林이지만
소 작 의 타 성　　수 성 공 덕 림

終無趣寂意이니　唯有濟群心이로다.
종 무 취 적 의　　유 유 제 군 심

行悲悲廣大이고　用智智能深이라
행 비 비 광 대　　용 지 지 능 심

利他兼自利하니　小聖詎能任이오.
이 타 겸 자 리　　소 성 거 능 임

須菩提
수보리

在在處處 若有此經 一切世間 天人 阿修羅 所應供養 當知
재 재 처 처 약 유 차 경 일 체 세 간 천 인 아 수 라 소 응 공 양 당 지

此處 卽爲是塔 皆應恭敬 作禮圍遶 以諸華香 而散其處
차 처 즉 위 시 탑 개 응 공 경 작 례 위 요 이 제 화 향 이 산 기 처

오는 인연 의지하여 수행을 하고
닦아 이룬 그 공덕이 많다하지만
고요한 곳 찾을 뜻이 전혀 없으니
오직 하나 중생들을 제도할 마음.

자비로운 보살행은 더욱 커지고
지혜로운 살림살이 깊어지는 것
나와 남을 함께 도와 이롭게 하니
성문 연각 소승들은 감당 못하리.

"수보리야, 이 경전이 있는 곳은 어디든지, 온갖 세간에 있는 하늘의 신과 인간과 아수라가 이 가르침을 받들어 공양을 올릴 것이다. 마땅히 이곳을 부처님이 계시는 탑전으로 알고 공양하며 예를 올리면서 온갖 꽃과 향으로써 아름답게 장엄해야 하느니라."

16. 能淨業障分

復次 須菩提
부차 수보리

善男子 善女人 受持讀誦 此經 若爲人輕賤 是人 先世罪業
선남자 선여인 수지독송 차경 약위인경천 시인 선세죄업

應墮惡道 以今世人輕賤故 先世罪業 卽爲消滅 當得阿耨
응타악도 이금세인경천고 선세죄업 즉위소멸 당득아뇩

多羅三藐三菩提
다라삼먁삼보리

16. 전생에 지은 죄업이 소멸되고

"또한 수보리야, 이 경을 받아 지녀 읽고 외우는 선남자 선여인
이 만약 다른 사람들에게 업신여김과 천대를 받는다면, 이 사람
은 전생에 지은 죄업으로는 지옥, 아귀, 축생계로 떨어져야 하
겠지만, 금생에 다른 사람들이 업신여기고 천대하였으므로 이
일로 전생에 지은 죄업이 소멸되어 높고도 올바른 깨달음을 얻
게 되리라."

先身有報障이어도 今日受持經하니
선신유보장　　금일수지경

暫被人輕賤이면 轉重復還輕이네.
잠피인경천　　전중부환경

若了依他起하면 能除徧計情이어
약요의타기　　능제변계정

常依般若觀하니 何慮不圓成이오.
상의반야관　　하려불원성

잘못 지은 전생과보 업장 있어도
오늘 이제 금강경을 받아 지니니
잠시라도 사람들이 업신여기면
업장 녹아 무거운 죄 가벼워지네.

이것 있어 저것 있는 이치 안다면
온갖 집착 알음알이 없앨 수 있어
어느 때나 반야지혜 기대어 사니
어찌하여 깨달음을 얻지 못할까.

須菩提
수보리

我念過去 無量阿僧祇劫 於燃燈佛前 得值 八百四千萬億
아념과거 무량아승지겁 어연등불전 득치 팔백사천만억

那由他諸佛 悉皆供養 承事無空過者
나유타제불 실개공양 승사무공과자

如來說那由여   那由幾劫中고
여래설나유   나유기겁중

我人衆生壽   壽者盡俱空이로다.
아인중생수   수자진구공

若悟菩提道하면 道者盡通同이니
약오보리도   도자진통동

二體俱實際이어 際度出凡籠이로다.
이체구실제   제도출범농

"수보리야, 내가 과거 헤아릴 수 없이 많은 세월을 생각해 보니, 불꽃처럼 빛나는 연등 부처님을 만나 뵙기 전에도, 팔백사천만억 상상할 수도 없이 많은 부처님을 만나 그 부처님을 모두 다 공양하고 섬겼기에 헛되이 보낸 세월이 없었느니라."

여래께서 말씀하신 많은 부처님
몇 겁 동안 그분들께 공양 올리니
아상 인상 중생상과 수자상까지
그 모두가 빠짐없이 '공'이로구나.

'깨달음'인 '보리도'를 깨닫게 되면
도란 것이 다 통하여 똑같이 되니
다른 모습 부처님들 모두 다 실상
이 자리서 범부 굴레 벗어나도다.

若復有人 於後末世 能受持讀誦 此經 所得功德
약부유인 어후말세 능수지독송 차경 소득공덕

於我所供養 諸佛功德
어아소공양 제불공덕

百分不及一 千萬億分 乃至 算數譬喩 所不能及
백분불급일 천만억분 내지 산수비유 소불능급

然燈未敎化는　　呼爲在佛前이라
연등미교화　　　호위재불전

得値河沙聖하여　供養不爲難이네.
득치하사성　　　공양불위난

末法難調製이나　開經暫展看하면
말법난조제　　　개경잠전간

斯人無斷見하여　萬劫自安閑하리라.
사인무단견　　　만겁자안한

"만약 뒷날 부처님의 법이 쇠퇴할 때 어떤 사람이 이 경을 받아 지녀 읽고 외운다면, 이 사람이 얻는 공덕에 비해 내가 모든 부처님께 공양 올린 공덕은 그 백분의 일에도 미치지 못하고, 천만억 분의 일에도 미치지 못하며, 더 나아가 어떤 숫자로 셈하거나 비유하더라도 미칠 수가 없느니라."

연등불의 가르침을 받기 전에도
부처님 앞이라고 말할 수 있어
갠지스 강 모래만큼 많은 성인께
공양 올린 그 일들은 어렵지 않네.

말법 중생 제도되기 어렵다지만
경을 열고 잠시라도 읽어 본다면
이 사람은 '없다'라는 집착을 버려
영겁토록 편안하고 한가하리라.

須菩提 若善男子 善女人
수보리 약선남자 선여인

於後末世 有受持讀誦 此經所得功德
어후말세 유수지독송 차경소득공덕

我若具說者 或有人聞 心卽狂亂 狐疑不信
아약구설자 혹유인문 심즉광란 호의불신

了妄心明遣이니　無爲業漸離하고
요망심명견　　무위업점리

狂迷心境滅이어　凡愚盡總袪하네.
광미심경멸　　범우진총거

經中稱末世는　狐疑且自迷라
경중칭말세　　호의차자미

性慧修眞實하니　只此是菩提일세.
성혜수진실　　지차시보리

"수보리야, 만약 선남자 선여인이 뒷날 부처님의 법이 쇠퇴할 때 이 경을 받아 지녀 읽고 외워서 얻는 공덕을 내가 모두 상세히 말한다면, 혹 어떤 사람들은 그 말을 듣고는 이해가 안 되어 마음이 몹시 어지러워 의심하며 믿지 않을 것이다."

망념 아는 그 마음도 떨쳐버리니
집착 없어 업이 점차 가벼워지고
미혹했던 마음이나 경계 없어져
어리석은 온갖 분별 사라진다네.

경 가운데 말세라고 일컫는 것은
의심하여 스스로가 어리석은 것
참 성품의 지혜로써 진실 닦으니
오직 이것 하나만이 깨달음일세.

須菩提 當知 是經義 不可思議 果報 亦不可思議
수보리 당지 시경의 불가사의 과보 역불가사의

果報分明在여   善惡分兩枝라
과 보 분 명 재   선 악 분 양 지

末法難調製일새   謗經失路迷로다.
말 법 난 조 제   방 경 실 로 미

狐疑生斷見이지만   修卽是便宜로다
호 의 생 단 견   수 즉 시 편 의

覺悟無前後하면   成佛不爲遲이네.
각 오 무 전 후   성 불 불 위 지

"수보리야, 마땅히 알아야 한다. 이 경의 뜻은 불가사의하며,
그 과보 또한 불가사의한 것이니라."

인과응보 이 세상에 분명 있는 일
좋은 일과 나쁜 일로 갈라지는 것
말법 중생 제도받기 쉽지 않기에
부처 말씀 헐뜯으며 헤매는구나.

여우처럼 의심 많아 단견 갖지만
법을 믿고 닦아가니 마음 편안해
깨달음에 앞과 뒤가 없음을 알면
성불할 일 더디지가 않을 것이네.

17. 究竟無我分

爾時 須菩提 白佛言
이시 수보리 백불언

世尊 善男子 善女人 發阿耨多羅三藐三 菩提心
세존 선남자 선여인 발아뇩다라삼먁삼 보리심

云何應住 云何降伏其心
운하응주 운하항복기심

佛告 須菩提
불고 수보리

若善男子 善女人 發阿耨多羅三藐三菩提心者 當生如是
약선남자 선여인 발아뇩다라삼먁삼보리심자 당생여시

心 我應滅度 一切衆生 滅度一切衆生已 而無有一衆生 實
심 아응멸도 일체중생 멸도일체중생이 이무유일중생 실

滅度者 何以故 須菩提 若菩薩 有我相 人相 衆生相 壽者相
멸도자 하이고 수보리 약보살 유아상 인상 중생상 수자상

卽非菩薩 所以者何 須菩提 實無有法 發阿耨多羅三藐三
즉비보살 소이자하 수보리 실무유법 발아뇩다라삼먁삼

菩提心者
보리심자

17. 무아를 통달해야 참다운 보살

그때 장로 수보리가 부처님께 사뢰어 물었다.

"세존이시여, '더할 나위 없이 높고도 올바른 깨달음'을 얻고자 마음을 낸 선남자 선여인은 어떻게 살아야 하며 어떻게 마음을 다스려야 합니까?"

부처님께서 장로 수보리에게 일러 말씀하셨다.

"만약 선남자 선여인이 '더할 나위 없이 높고도 올바른 깨달음'을 얻고자 한다면 이와 같은 마음을 내야 하니, '나는 온갖 중생을 남김없이 제도해야 하지만, 모든 중생을 남김없이 제도하고 나면 실로 제도한 중생은 하나도 없다'는 마음을 내어야 한다. 무엇 때문이겠느냐, 수보리야.

만약 보살이 '나라는 모습에 집착하고, 남이라는 모습에 집착하며, 나와 남들이 어울려 생겨나는 우리 중생이라는 모습에 집착하고, 또는 이들 모두의 생명이 영원할 것이라는 모습에 집착하는 것'이라면 이는 보살이 아니기 때문이니, 왜냐하면 수보리야, 실로 '깨달음을 얻게 할 법'이란 없기 때문이다."

空生重請問하자　無心爲自身하라
공생중청문　　　무심위자신

欲發菩提者　　當了現前因이라.
욕발보리자　　당요현전인

行悲疑似妄하고　用智最言眞이라하며
행비의사망　　　용지최언진

度生權立我나　證理卽無人이라.
도생권입아　　증리즉무인

수보리가 거듭해서 질문을 하니
집착 없는 마음으로 몸을 삼아라
깨달음을 얻으려고 하는 사람은
눈앞에서 그 도리를 알아야 한다.

자비행을 망념이라 의심을 하고
지혜행을 참되다고 최고라 하며
중생 제도 방편으로 '나'를 세우나
이치 알면 '나'와 '남'도 없는 것이라.

須菩提 於意云何
수보리 어의운하

如來 於燃燈佛所 有法 得阿耨多羅三藐三菩提不
여래 어연등불소 유법 득아녹다라삼먁삼보리부

不也 世尊 如我解 佛所說義
불야 세존 여아해 불소설의

佛 於燃燈佛所 無有法 得阿耨多羅三藐三菩提
불 어연등불소 무유법 득아녹다라삼먁삼보리

佛言 如是如是
불언 여시여시

須菩提 實無有法 如來 得阿耨多羅三藐三菩提
수보리 실무유법 여래 득아녹다라삼먁삼보리

須菩提 若有法 如來 得阿耨多羅三藐三菩提者
수보리 약유법 여래 득아녹다라삼먁삼보리자

燃燈佛 卽不與我授記
연등불 즉불여아수기

汝於來世 當得作佛 號釋迦牟尼
여어내세 당득작불 호석가모니

以實無有法 得阿耨多羅三藐三菩提
이실무유법 득아녹다라삼먁삼보리

是故 燃燈佛 與我授記
시고 연등불 여아수기

作是言 汝於來世 當得作佛 號釋迦牟尼
작시언 여어내세 당득작불 호석가모니

何以故 如來者 卽諸法如義
하이고 여래자 즉제법여의

"수보리야, 그대는 어떻게 생각하느냐? 여래께서 불꽃처럼 빛나는 연등 부처님 처소에 계실 때에 '올바른 깨달음이란 법'을 얻은 것이 있겠느냐?"

"아닙니다, 세존이시여. 제가 부처님께서 말씀하신 뜻을 이해하기로는 부처님께서 불꽃처럼 빛나는 연등 부처님의 처소에서 '올바른 깨달음이란 법'을 얻은 것이 없습니다."

부처님께서 말씀하셨다.

"맞다, 맞는 소리이다. 수보리야, 실로 어떤 법이 있어 여래께서 '더할 나위 없이 높고도 올바른 깨달음'을 얻은 것이 아니니라. 수보리야, 만약 여래께서 '더할 나위 없이 높고도 올바른 깨달음'을 어떤 실체가 있는 법으로써 얻은 것이라면, 불꽃처럼 빛나는 연등 부처님께서 나에게 '그대는 오는 세상에 부처님이 되어 석가모니라 불릴 것이다'라는 수기를 주시지 않았을 것이다.

실로 얻을 '더할 나위 없이 높고도 올바른 깨달음'이란 어떤 법도 없는 것이니, 이런 까닭에 불꽃처럼 빛나는 연등 부처님께서 나에게 '그대는 오는 세상에 부처님이 되어 석가모니라 불릴 것이다' 말씀하시면서 수기를 주신 것이다.

왜냐하면 여래란 곧 모든 것이 모자라거나 남음이 없이 있는 그대로 여여如如하다는 뜻이기 때문이다."

若有人言 如來 得阿耨多羅三藐三菩提
약유인언 여래 득아뇩다라삼먁삼보리

須菩提 實無有法 佛得阿耨多羅三藐三菩提
수보리 실무유법 불득아뇩다라삼먁삼보리

須菩提 如來所得 阿耨多羅三藐三菩提 於是中 無實無虛
수보리 여래소득 아뇩다라삼먁삼보리 어시중 무실무허

是故 如來說 一切法 皆是佛法
시고 여래설 일체법 개시불법

須菩提 所言一切法者 卽非一切法 是故 名一切法
수보리 소언일체법자 즉비일체법 시고 명일체법

須菩提 譬如人身長大
수보리 비여인신장대

須菩提言
수보리언

世尊 如來說 人身長大 卽爲非大身 是名大身
세존 여래설 인신장대 즉위비대신 시명대신

須菩提 菩薩 亦如是
수보리 보살 역여시

若作是言 我當滅度 無量衆生 卽不名菩薩
약작시언 아당멸도 무량중생 즉불명보살

何以故 須菩提
하이고 수보리

實無有法 名爲菩薩
실무유법 명위보살

是故 佛說一切法 無我 無人 無衆生 無壽者
시고 불설일체법 무아 무인 무중생 무수자

"만약 어떤 사람이 '여래께서 더할 나위 없이 높고도 올바른 깨달음을 얻었다'고 말하여도, 수보리야, 실로 부처님께서 얻은 깨달음이라고 할 어떤 법도 없느니라. 수보리야, 여래께서 얻은 '더할 나위 없이 높고도 올바른 깨달음'은 참된 것도 아니요, 헛된 것도 아니다. 이런 까닭에 여래께서는 모든 법이 다 부처님의 법이라고 하느니라. 수보리야, 모든 법은 곧 모두 실체가 있는 법이 아니므로, 이를 일러 모든 법이라 한다. 수보리야, 비유하면 사람의 몸이 참으로 큰 것과 같으니라."

장로 수보리가 부처님께 사뢰어 말하였다.

"세존이시여, 여래께서 사람의 몸이 참으로 크다고 말씀하시는 것은, 곧 어떤 실물로 나타나는 큰 몸이 아니기 때문에, 이를 일러 큰 몸이라 하는 것입니다."

"수보리야, 보살 또한 이와 같아서 만약 '내가 헤아릴 수 없이 많은 중생들을 남김없이 제도하리라' 말한다면, 곧 이는 보살이라 할 수 없다. 왜냐하면 수보리야, 실로 보살이라고 할 어떤 법도 없기 때문에 이를 일러 보살이라 한다. 이런 까닭에 부처님께서는 '모든 법에는 나라고 집착할 것이 없고, 남이라고 집착할 것이 없으며, 나와 남들이 어울려 생겨나는 우리 중생이라고 집착할 것이 없고, 이들 모두의 생명이 영원할 것이라고 집착할 것이 없다'라고 말씀하신다."

須菩提
수보리

若菩薩 作是言 我當 莊嚴佛土 是不名菩薩
약보살 작시언 아당 장엄불토 시불명보살

何以故 如來說 莊嚴佛土者 卽非莊嚴 是名莊嚴
하이고 여래설 장엄불토자 즉비장엄 시명장엄

須菩提 若菩薩 通達無我法者 如來說名 眞是菩薩
수보리 약보살 통달무아법자 여래설명 진시보살

人與法相待하나   二相本來如라
인 여 법 상 대   이 상 본 래 여

法空人是妄이니   人空法亦袪라네.
법 공 인 시 망   인 공 법 역 거

人法兩俱實이라면   授記[1] 可非虛이지만
인 법 양 구 실   수 기 가 비 허

一切皆如幻이니   誰言得有無리오.
일 체 개 여 환   수 언 득 유 무

---

1. '수기'는 장래 성불할 수 있다는 증언을 부처님께서 해주시는 것이다. 『법화경』에
   는 악인이었던 제바달다와 일반적으로 성불할 수 없다는 여인의 수기가 설해져
   있다. 『무량수경』에서 법장 보살이 아미타불이 되는 수기를 받는 내용도 유명하다.

"수보리야, 보살이 만약 '내가 부처님의 국토를 장엄하리라' 말한다면 이를 일러 보살이라 할 수 없다. 왜냐하면 여래께서 '부처님의 국토를 장엄하리라' 말씀하신 것은 곧 어떤 실물로 장엄하는 것이 아니므로 이를 일러 장엄이라 하기 때문이다.

수보리야, 만약 보살이 '고정된 나라는 실체가 없어 집착할 어떤 법도 없다'라는 이치에 통달하였다면, 여래께서는 이를 일러 참다운 보살이라고 말씀하시느니라."

사람이나 법은 서로 상대하지만
두 모습은 본디 하나 여여한 자리
'보는 법이 공'이라면 사람도 거짓
'보는 사람 공'이라면 법 또한 없네.

사람이나 법에 모두 실체 있다면
주는 수기 헛된 것이 아니겠지만
모든 것이 빠짐없이 환과 같으니
그 누군들 '있다' '없다' 말을 하리오.

18. 一體同觀分

須菩提 於意云何 如來 有肉眼不
수보리 어의운하 여래 유육안부

如是世尊 如來 有肉眼
여시 세존 여래 유육안

須菩提 於意云何 如來 有天眼不
수보리 어의운하 여래 유천안부

如是世尊 如來 有天眼
여시 세존 여래 유천안

須菩提 於意云何 如來 有慧眼
수보리 어의운하 여래 유혜안

如是世尊 如來 有慧眼
여시 세존 여래 유혜안

18. 과거 현재 미래의 마음은 얻을 수 없다

"수보리야, 그대는 어떻게 생각하느냐?

여래에게 '육신의 눈'이 있겠느냐?"

"그렇습니다, 세존이시여.

여래에게는 '육신의 눈'이 있습니다."

"수보리야, 그대는 어떻게 생각하느냐?

여래에게 '하늘의 눈'이 있겠느냐?"

"그렇습니다, 세존이시여.

여래에게는 '하늘의 눈'이 있습니다."

"수보리야, 그대는 어떻게 생각하느냐?

여래에게 '지혜의 눈'이 있겠느냐?"

"그렇습니다, 세존이시여.

여래에게는 '지혜의 눈'이 있습니다."

須菩提 於意云何 如來 有法眼不
수보리 어의운하 여래 유법안부

如是世尊 如來 有法眼
여시 세존 여래 유법안

須菩提 於意云何 如來 有佛眼不
수보리 어의운하 여래 유불안부

如是世尊 如來 有佛眼
여시 세존 여래 유불안

天眼通非礙하나　肉眼礙非通이지
천 안 통 비 애　　육 안 애 비 통

法眼唯觀俗하고　慧眼直緣空이라네.
법 안 유 관 속　　혜 안 직 연 공

佛眼如千日　　照異體還同이어
불 안 여 천 일　　조 이 체 환 동

圓明法界內에　無處不鑑用[1]이라네.
원 명 법 계 내　　무 처 불 감 용

---

1. '鑑'은 다른 판본에는 '슴'으로 되어 있다. (함허 주)

"수보리야, 그대는 어떻게 생각하느냐?
여래에게 '법의 눈'이 있겠느냐?"
"그렇습니다, 세존이시여.
여래에게는 '법의 눈'이 있습니다."
"수보리야, 그대는 어떻게 생각하느냐?
여래에게 '부처님의 눈'이 있겠느냐?"
"그렇습니다, 세존이시여.
여래에게는 '부처님의 눈'이 있습니다."

'하늘의 눈' 걸림 없이 모든 걸 보나
'육신의 눈' 장애 있어 그리 못 하지
'법의 눈'은 오직 세간 이치를 보고
'지혜의 눈' 공도리를 바로 본다네.

천 개 태양 못지않은 '부처님 눈'은
온갖 모습 다 보지만 바탕은 같아
오롯하게 밝디 밝은 법계 안에서
어떤 것도 보지 못할 곳이 없다네.

須菩提 於意云何 如恒河中所有沙 佛說 是沙不
수보리 어의운하 여항하중소유사 불설 시사부

如是 世尊 如來說 是沙
여시 세존 여래설 시사

須菩提 於意云何
수보리 어의운하

如一恒河中 所有沙有 如是沙等恒河 是諸恒河 所有沙數
여일항하중 소유사유 여시사등항하 시제항하 소유사수

佛世界 如是 寧爲多不
불세계 여시 영위다부

甚多 世尊
심다 세존

佛告 須菩提
불고 수보리

爾所國土中 所有衆生 若干種心 如來悉知
이소국토중 소유중생 약간종심 여래실지

何以故 如來說 諸心 皆爲非心 是名爲心
하이고 여래설 제심 개위비심 시명위심

所以者何 須菩提
소이자하 수보리

過去心不可得 現在心不可得 未來心不可得
과거심불가득 현재심불가득 미래심불가득

"수보리야, 그대는 어떻게 생각하느냐? 저 갠지스 강에 있는
모든 모래알에 대해 부처님께서 말씀하신 적이 있었느냐?"

"그렇습니다, 세존이시여. 여래께서는 저 갠지스 강에 있는 모
래알에 대해 말씀하신 적이 있습니다."

"수보리야, 그대는 어떻게 생각하느냐? 저 갠지스 강에 있는
모든 모래알 수만큼 많은 갠지스 강이 있고 또 그 모든 갠지스
강에 있는 모든 모래알 수만큼 많은 부처님의 세계가 있다면
이를 많다고 할 수 있겠느냐?"

"세존이시여, 참으로 많습니다."

부처님께서 장로 수보리에게 일러 말씀하셨다.

"저 국토 가운데 있는 모든 중생의 마음 하나하나를 여래께서는
낱낱이 다 아신다. 왜냐하면 여래께서 말씀하신 온갖 마음은
모두 실체가 있는 마음이 아니므로, 이를 일러 마음이라 하기
때문이다.

왜 그런가 하면 수보리야, 지나간 마음은 이미 없어져 얻을 수
없고, 현재의 마음은 잠시도 머물지 않아 얻을 수 없으며, 미래
의 마음은 아직 오지를 않아 얻을 수 없기 때문이니라."

依他一念起는　　俱爲妄所行이니
의 타 일 념 기　　구 위 망 소 행

便分六十二[1]하고　九百亂縱橫하네.
변 분 육 십 이　　구 백 란 종 횡

過去滅無滅이고　當來生不生이니
과 거 멸 무 멸　　당 래 생 불 생

常能作此觀하면　眞妄坦然平하리라.
상 능 작 차 관　　진 망 탄 연 평

---

1. '육십이견六十二見'은 불교의 가르침과 어긋나는 온갖 견해를 예순 두 가지로 분류
해 놓은 것을 말한다.

인연 따라 한 생각이 일어나는 법
이 모두는 허망하게 이루어지니
그 거짓에 온갖 견해 만들어내고
이 세상을 가득 채워 어지럽히네.

이 과거는 없어져도 없앤 적 없고
오는 미래 생겨나도 생긴 적 없어
늘 언제나 이런 통찰 지니고 살면
'진眞'과 '망妄'이 툭 트여서 평등한 마음.

19. 法界通化分

須菩提 於意云何 若有人 滿三千大千世界七寶 以用布施
수보리 어의운하 약유인 만삼천대천세계칠보 이용보시

是人 以是因緣 得福多不
시인 이시인연 득복다부

如是 世尊 此人 以是因緣 得福甚多
여시 세존 차인 이시인연 득복심다

須菩提 若福德有實 如來 不說 得福德多
수보리 약복덕유실 여래 불설 득복덕다

以福德 無故 如來說 得福德多
이복덕 무고 여래설 득복덕다

19. 복덕의 실체가 없는 까닭에

"수보리야, 그대는 어떻게 생각하느냐? 만약 어떤 사람이 있어 삼천대천세계를 일곱 가지 보배로 가득 채워 다른 사람들에게 베푼다면 이 사람은 그 인연으로 얻게 되는 복덕이 많겠느냐?"

"그렇습니다, 세존이시여. 이 사람은 그 인연으로 얻게 되는 복덕이 참으로 많습니다."

"수보리야, 만약 복덕이 실제로 있는 것이라면 여래께서는 복덕이 많다고 말씀하지 않았을 것이다. 복덕의 실체가 없는 까닭에 여래께서 복덕이 많다고 말씀하신 것이니라."

三千大千界에   七寶滿其中하라
삼천대천계   칠보만기중

有人持布施해도 得福也如風이로다.
유인지보시   득복야여풍

猶勝慳貪者이지만 未得達眞宗이니
유승간탐자   미득달진종

終須四句偈   知覺證全空하리라.
종수사구게   지각증전공

삼천대천 모든 세계 그 가운데에
일곱 가지 보배들로 가득 채워라
어떤 이가 이것으로 보시를 해도
얻게 되는 그 복덕은 바람 같은 것.

욕심 많은 사람보단 조금 낫지만
아직까지 참된 종지 얻지 못하니
모름지기 사구게로 깨닫고 나야
이 모든 것 공인 줄을 증득하리라.

20. 離色離相分

須菩提 於意云何 佛 可以具足色身 見不
수보리 어의운하 불 가이구족색신 견부

不也 世尊 如來 不應 以具足色身 見
불야 세존 여래 불응 이구족색신 견

何以故 如來說 具足色身 卽非具足色身 是名具足色身
하이고 여래설 구족색신 즉비구족색신 시명구족색신

須菩提 於意云何
수보리 어의운하

如來 可以具足諸相 見不
여래 가이구족제상 견부

不也 世尊 如來 不應 以具足諸相 見
불야 세존 여래 불응 이구족제상 견

何以故 如來說 諸相具足 卽非具足 是名諸相具足
하이고 여래설 제상구족 즉비구족 시명제상구족

20. 몸과 형상을 떠나 있어야

"수보리야, 그대는 어떻게 생각하느냐? '뛰어나게 아름다운 몸'으로 부처님을 볼 수 있겠느냐?"

"아니요 그렇지 않습니다, 세존이시여. 여래를 '뛰어나게 아름다운 몸'으로는 볼 수 없습니다. 왜냐하면 여래께서 말씀하는 '뛰어나게 아름다운 몸'은 어떤 실물로 있는 '뛰어나게 아름다운 몸'이 아니므로, 이를 일러 '뛰어나게 아름다운 몸'이라 하기 때문입니다."

"수보리야, 그대는 어떻게 생각하느냐? 서른두 가지 뛰어난 모습을 다 갖춘 것으로 여래를 볼 수 있겠느냐?"
"아닙니다, 세존이시여. 서른두 가지 뛰어난 모습을 다 갖춘 것으로 여래를 볼 수 없습니다. 왜냐하면 여래께서 말씀하신 서른두 가지 뛰어난 모습을 다 갖춘다는 것은, 어떤 실물로 서른두 가지 뛰어난 모습을 다 갖춘 것이 아니므로, 이를 일러 서른두 가지 뛰어난 모습을 다 갖춘 것이라 하기 때문입니다."

八十隨形好_{하고}　相分三十二_라
팔십수형호　　상분삼십이

應物萬般形　　理中非一異_{로다.}
응물만반형　　이중비일이

人法兩俱遣_{하고}　色心齊一棄_{하니}
인법양구견　　색심제일기

所以證菩提_는　實由諸相離_{로다.}
소이증보리　　실유제상리

팔십 종류 세분한 몸 보기가 좋고
형상으로 나눈 모습 서른두 가지
중생 따라 모습 나톤 온갖 형상이
이치로선 다름없는 똑같은 모습.

사람이나 법을 모두 놓아 버리고
형상이나 마음조차 함께 버리니
그러므로 깨달음을 증득하는 건
온갖 모습 벗음으로 말미암는 것.

21. 非說所說分

須菩提
수보리

汝 勿謂 如來 作是念 我當 有所說法 莫作是念
여 물위 여래 작시념 아당 유소설법 막작시념

何以故 若人言 如來 有所說法 卽爲謗佛 不能解我所說故
하이고 약인언 여래 유소설법 즉위방불 불능해아소설고

須菩提 說法者 無法可說 是名說法
수보리 설법자 무법가설 시명설법

爾時 慧命須菩提 白佛言
이시 혜명수보리 백불언

世尊 頗有衆生 於未來世 聞說是法 生信心不
세존 파유중생 어미래세 문설시법 생신심부

佛言 須菩提 彼非衆生 非不衆生
불언 수보리 피비중생 비불중생

何以故 須菩提 衆生衆生者 如來說 非衆生 是名衆生
하이고 수보리 중생중생자 여래설 비중생 시명중생

21. 설할 만한 어떤 법도 없기에

"수보리야, 그대는 여래께서 '내가 설한 법이 있다' 이렇게 생각한다고 짐작하여 말하지 말라. 이런 생각을 하지 말아야 하니, 왜냐하면 어떤 사람이 여래께서 말씀하신 법이 있다고 하면 이는 부처님을 비방하는 것이며, 내가 말한 것을 이해하지 못하고 있기 때문이다.

수보리야, 법을 설한다고 하는 것은 설할 만한 어떤 법도 없기에 이를 일러 법을 설한다고 하느니라."

그때 장로 수보리가 부처님께 사뢰어 말하였다.

"세존이시여, 오는 세상에서 중생들이 이 가르침을 듣고서 믿는 마음을 낼 수 있겠습니까?"

"수보리야, 그들은 '중생'이 아니며 '중생이 아닌 것'도 아니다. 무엇 때문이겠느냐, 수보리야. '중생중생'이라 하는 것은, 여래께서 '중생이 아닌 것', 이를 일러 '중생'이라 말씀하셨기 때문이니라."

不言有所說하여　　所說妙難窮이네
불언유소설　　　소설묘난궁

有說皆爲謗이라　　至道處其中이도다.
유설개위방　　　지도처기중

多言無所解이고　　默耳得三空[1]이어야
다언무소해　　　묵이득삼공

知覺刹那頃에　　　無生無有終이네.
지각찰나경　　　무생무유종

---

1. '삼공三空'이란 육진경계가 모두 공함을 깨닫는 '경공境空', 오롯한 지혜로 집착할
   것이 없음을 깨닫는 '지공智空', 지혜와 경계를 다 잊고 그 잊은 것조차 잊은 '구공俱
   空'을 말한다. 청량대법안선사 송을 참고.

'설한 바가 있다'라고 말하질 않아
설한 바는 오묘하여 알기 어렵네
설한 것이 있다 하면 모두가 비방
지극한 도 그 가운데 들어 있도다.

말을 많이 한다 하면 아는 바 없고
침묵하는 그 곳에서 삼공三空 얻어야
그 도리를 아는 순간 찰나사이에
생生도 없고 멸滅도 없는 불생멸이네.

22. 無法可得分

須菩提 白佛言
수보리 백불언

世尊 佛得 阿耨多羅三藐三菩提 爲無所得耶
세존 불득 아뇩다라삼먁삼보리 위무소득야

佛言 如是 如是 須菩提 我 於阿耨多羅三藐三菩提 乃至 無
불언 여시 여시 수보리 아 어아뇩다라삼먁삼보리 내지 무

有少法可得 是名阿耨多羅三藐三菩提
유소법가득 시명아뇩다라삼먁삼보리

諸佛智明覺　　覺性本無涯라
제불지명각　　각성본무애

佛因有何得고　所得爲無耶로다.
불인유하득　　소득위무야

22. 얻을 만한 어떤 법도 없다

장로 수보리가 부처님께 사뢰어 말하였다.

"세존이시여, 부처님께서 얻은 깨달음은 얻을 만한 어떤 법도 없는 것입니까?"

부처님께서 말씀하셨다.

"맞다, 맞는 말이다, 수보리야. 나는 깨달음에서 그 어떤 조그마한 법도 얻을 만한 것이 없기 때문에, 이를 일러 '더할 나위 없이 높고도 올바른 깨달음'이라고 하느니라."

부처님의 모든 지혜 밝은 깨달음
깨달음의 그 성품은 끝이 없어라
무엇으로 부처님이 될 수 있을까
얻는 바가 없으므로 성불을 하지.

妙性難量比이나　得理則無差이니
묘성난량비　　　득리즉무차

執迷不悟者　　　路錯幾河沙라네.
집미불오자　　　로착기하사

묘한 성품 헤아리기 어렵지마는
참 이치를 얻는다면 차별 없으니
집착으로 미혹되어 못 깨달은 이
잘못된 길 헤매는 이 참으로 많네.

23. 淨心行善分

復次 須菩提
부차 수보리

是法平等 無有高下 是名阿耨多羅三藐三菩提
시법평등 무유고하 시명아뇩다라삼먁삼보리

以無我 無人 無衆生 無壽者 修一切善法
이무아 무인 무중생 무수자 수일체선법

卽得阿耨多羅三藐三菩提
즉득아뇩다라삼먁삼보리

須菩提 所言善法者
수보리 소언선법자

如來說 卽非善法 是名善法
여래설 즉비선법 시명선법

23. 이 법은 평등하여 높고 낮은 것이 없으므로

"또한 수보리야, 이 법은 평등하여 높고 낮은 것이 없으므로 이
를 일러 '더할 나위 없이 높고도 올바른 깨달음'이라고 한다. '나
라는 생각도 없고, 남이라는 생각도 없으며, 우리 중생이라는
생각도 없고, 이들 모두의 생명이 영원하리라는 생각'도 없이
온갖 좋은 법을 닦기 때문에 바로 '더할 나위 없이 높고도 올바른
깨달음'을 얻는다.

수보리야, 여기에서 말하는 좋은 법이란 여래께서 곧 어떤 실물
로 나타나는 좋은 법이 아니라고 말씀하시므로, 이를 일러 좋은
법이라고 하느니라."

水陸同眞際¹　　飛行體一如라
수 륙 동 진 제　　비 행 체 일 여

法中無彼此이고　理上絶親疏라네.
법 중 무 피 차　　이 상 절 친 소

自他分別遣　　　高下執情除하여
자 타 분 별 견　　고 하 집 정 제

了斯平等性하면　咸共入無餘하리라.
요 사 평 등 성　　함 공 입 무 여

---

1. '진제眞際'는 부처님 가르침의 골수를 표현할 때 쓰는 진공묘유眞空妙有의 진공에
   해당한다. '공성' 그 자체는 언제나 변함이 없기에 '진여' 또는 '진제眞際'라고 하는
   것이다. 진제는 땅과 바다 등 여러 가지 모습으로 드러나는 현상세계에서도 그 바탕
   이 변하지 않고 참으로 여여 하게 있는 출세간의 진리이다.

땅과 바다 알고 보면 똑같은 '진제眞際'
나는 것과 걷는 것들 그 바탕 여여
법 가운데 이런저런 구별이 없고
이치에는 가깝고 먼 관계가 없네.

나와 남을 분별하는 마음을 버려
높고 낮음 집착하는 마음을 없애
차별 없는 평등성품 알게 된다면
모두 함께 무여열반 들어가리라.

24. 福智無比分

須菩提 若三千大千世界中 所有 諸須彌山王 如是等 七寶
수보리 약삼천대천세계중 소유 제수미산왕 여시등 칠보

聚 有人 持用布施
취 유인 지용보시

若人 以此般若波羅蜜經 乃至 四句偈等 受持讀誦 爲他人
약인 이차반야바라밀경 내지 사구게등 수지독송 위타인

說 於前福德 百分不及一 百千萬億分 乃至 算數 譬喩 所不
설 어전복덕 백분불급일 백천만억분 내지 산수 비유 소불

能及
능급

24. 그 뜻을 일러 준 복덕에 비교한다면

"수보리야, 삼천대천세계에 있는 거대한 수미산들을 모두 합쳐 놓은 것만큼 많은 일곱 가지 보배더미를 어떤 사람이 가져다 보시하더라도, 만일 다른 어떤 사람이 이 금강경이나 이 가르침 속에 있는 네 구절의 게송만이라도 받아 지녀 읽고 외워서 남에게 그 뜻을 일러 준 복덕에 비교한다면, 이 복덕에 비해 일곱 가지 보배더미를 보시하는 복덕은 백분의 일에도 미치지 못하고, 백천만억 분의 일에도 미치지 못하며, 어떤 숫자로도 셈할 수 없고 어떤 비유로도 이 복덕에는 미치지 못할 것이니라."

施寶如沙數라도　唯成有漏因일뿐
시 보 여 사 수　　유 성 유 루 인

不如無我觀　　了妄乃名眞하네.
불 여 무 아 관　　요 망 내 명 진

欲證無生忍¹하려면　要假離貪瞋이니
욕 증 무 생 인　　요 가 이 탐 진

人法知無我하면　逍遙出六塵하리라.
인 법 지 무 아　　소 요 출 육 진

---

1. '무생법인無生法忍'은 모든 것에 생멸이 없음을 깨달아 집착을 벗어난 지혜를 말한
다. 십인十忍의 하나로서 십인은 보살이 무명번뇌를 끊고 온갖 법이 본래 텅 비어
있음을 깨달을 때 생기는 열 가지 지혜를 통해 얻게 되는 편안한 마음을 말한다.
곧 음성인音聲忍·순인順忍·무생인無生忍·여환인如幻忍·여염인如焰忍·여몽인
如夢忍·여혜인如慧忍·여영인如影忍·여화인如化忍·여공인如空忍이다.

셀 수 없이 많은 보배 보시를 해도
언젠가는 다 사라질 복덕 받을 뿐
'너' '나' 없음 통찰하여 거짓을 알고
참 진리라 불러줌만 같지 못하네.

생사 없는 무생법인 증득하려면
탐욕 성냄 벗어난 힘 빌려야 하니
사람 법에 '나'라 할 게 없음을 알면
한가롭게 육진경계 벗어나리라.

25. 化無所化分

須菩提 於意云何
수보리 어의운하

汝等 勿謂 如來 作是念 我當度衆生
여등 물위 여래 작시념 아당도중생

須菩提 莫作是念
수보리 막작시념

何以故 實無有衆生 如來度者
하이고 실무유중생 여래도자

若有衆生 如來度者 如來 卽有我人衆生壽者
약유중생 여래도자 여래 즉유아인중생수자

須菩提 如來說 有我者 卽非有我
수보리 여래설 유아자 즉비유아

而凡夫之人 以爲有我
이범부지인 이위유아

須菩提 凡夫者 如來說 卽非凡夫 是名凡夫
수보리 범부자 여래설 즉비범부 시명범부

25. 여래께서는 제도할 어떤 중생도 없다

"수보리야, 그대는 어떻게 생각하느냐?

그대들은 여래께서 '내가 중생을 제도하리라' 이렇게 생각한다고 짐작하여 말하지 말라.

수보리야, 이런 생각을 내지 말아야 하니 무엇 때문이겠느냐?

여래께서는 실로 한 중생도 제도할 중생이 없기 때문이다.

만약 여래께서 제도할 어떤 중생이 있다면 여래에게는 곧 '나라는 생각, 남이라는 생각, 우리 중생이라는 생각, 또는 이들 모두의 생명이 영원할 것이라는 생각'이 있는 것이다.

수보리야, 여래께서 '나'가 있다고 말씀하신 것은 곧 '어떤 고정된 실체로서 나'가 있다는 것이 아닌데도, 범부들은 '나'가 있다고 여기기 때문이니, 수보리야, 범부라는 것도 여래께서 어떤 실체가 있는 범부가 아니라고 말씀하시므로 이를 일러 범부라고 하느니라."

衆生修因果에　　果熟自然圓이어
중생수인과　　　과숙자연원

法船自然度리니　何必要人牽이오.
법선자연도　　　하필요인견

恰似捕魚者　　　得魚忘却筌하네.
흡사포어자　　　득어망각전

若道如來度라면
약도여래도

從來度幾船인고.
종래도기선

중생들이 인과법을 닦아나감에
그 결과로 자연스레 오롯해져서
반야지혜 자연스레 건너가리니
어찌 남이 끌어주길 기다리리오.

강가에서 고기잡이 하는 사람은
고기 잡은 다음에는 통발을 잊네.

여래께서 중생들을 제도했다면
예로부터 지금까지 몇 번이던고.

26. 法身非相分

須菩提 於意云何
수보리 어의운하

可以三十二相 觀如來不
가이삼십이상 관여래부

須菩提言 如是 如是 以三十二相 觀如來
수보리언 여시 여시 이삼십이상 관여래

佛言 須菩提 若以三十二相 觀如來者 轉輪聖王 卽是如來
불언 수보리 약이삼십이상 관여래자 전륜성왕 즉시여래

須菩提 白佛言
수보리 백불언

世尊 如我解 佛所說義 不應 以三十二相 觀如來
세존 여아해 불소설의 불응 이삼십이상 관여래

爾時 世尊 而說偈言
이시 세존 이설게언

若以色見我 以音聲求我
약이색견아 이음성구아

是人行邪道 不能見如來
시인행사도 불능견여래

26. 모습으로 부처님을 보려 하거나

"수보리야, 그대는 어떻게 생각하느냐? '서른두 가지 뛰어난 모습'으로 여래를 볼 수 있겠느냐?"

"그렇습니다, 세존이시여. '서른두 가지 뛰어난 모습'으로 여래를 볼 수 있습니다."

"수보리야, '서른두 가지 뛰어난 모습'으로 여래를 볼 수 있다면 전륜성왕도 곧 여래이겠구나."

"세존이시여, 제가 부처님께서 말씀하신 뜻을 이해하기로는 '서른두 가지 뛰어난 모습'만으로 여래를 볼 수 없습니다."

그때 세존께서 게송으로 말씀하셨다.

모습으로 부처님을 보려 하거나
소리로써 부처님을 찾으려 하면
이 사람은 잘못된 길 가는 것이니
부처님을 볼 수 있는 인연 없으리.

涅槃含四德¹하니 　　唯我契眞常이라
열 반 함 사 덕 　　　　　유 아 계 진 상

齊名八自在²나 　　獨我最靈長이로다.
제 명 팔 자 재 　　　　　독 아 최 영 장

非色非聲相이어 　　心識豈能量고
비 색 비 성 상 　　　　심 식 개 능 양

看時不可見인데 　　悟理卽形彰이로다.
간 시 불 가 견 　　　　오 리 즉 형 창

---

1. 열반의 네 가지 공덕은 영원히 변치 않는 '상常', 영원한 즐거움 '락樂', 집착 없는
   참나 '아我', 번뇌 없는 맑고 맑은 마음 '정淨'을 말한다.
2. '팔자재八自在'는 열반의 네 가지 공덕에 들어 있는 여덟 종류의 자유자재한 공능을
   말한다. 첫째 한 몸이 여러 몸이 되는 것을 보여 준다. 둘째 티끌 같은 몸에 삼천대천
   세계가 들어 있는 것을 보여 준다. 셋째 큰 몸을 한순간 가볍게 멀리까지 이동한다.
   넷째 온갖 국토에 여러 모습을 드러내는 몸이 항상 한 국토에 있다. 다섯째 한 감각기
   관이 모든 감각기관의 역할을 한다. 여섯째 온갖 법을 얻었지만 얻었다는 생각이
   없다. 일곱째 게송 하나의 뜻을 무량겁에 걸쳐 설명한다. 여덟째 몸이 온갖 곳에
   두루 하면서도 허공처럼 걸림이 없다.

열반에는 네 가지 덕 품고 있으니
오직 내가 영원한 삶 계합하는 것
여덟 가지 신통 자재 갖고 있으니
세상에서 홀로 가장 뛰어난 사람.

색과 소리 아니면서 모습도 없어
알음알이 그 분별로 어찌 알리요
보려하나 그 모습을 볼 수 없는데
참된 이치 깨달으니 밝고 밝도다.

27. 無斷無滅分

須菩提 汝 若作是念
수보리 여 약작시념

如來 不以具足相故 得阿耨多羅三藐三菩提
여래 불이구족상고 득아뇩다라삼먁삼보리

須菩提 莫作是念
수보리 막작시념

如來 不以具足相故 得阿耨多羅三藐三菩提
여래 불이구족상고 득아뇩다라삼먁삼보리

須菩提 汝 若作是念
수보리 여 약작시념

發阿耨多羅三藐三菩提心者 說 諸法斷滅
발아뇩다라삼먁삼보리심자 설 제법단멸

莫作是念
막작시념

何以故 發阿耨多羅三藐三菩提心者 於法 不說斷滅相
하이고 발아뇩다라삼먁삼보리심자 어법 불설단멸상

27. 온갖 법이 끊어지고 사라진다는 모습이 없어

"수보리야, 그대가 만약 '여래께서 뛰어나게 아름다운 모습을 다 갖추지 않았기 때문에 더할 나위 없이 높고도 올바른 깨달음을 얻었다'고 짐작하여 생각하고 있다면,

수보리야, 그대는 '여래께서 뛰어나게 아름다운 모습을 다 갖추지 않았기 때문에 더할 나위 없이 높고도 올바른 깨달음을 얻었다' 짐작하여 그렇게 생각하지 말라.

수보리야, 그대가 '더할 나위 없이 높고도 올바른 깨달음을 얻고자 마음을 낸 사람은 온갖 법이 끊어져 없어진다고 말한다' 그리 짐작하여 생각하고 있다면,
수보리야, 그대는 짐작하여 그렇게 생각하지 말라. 왜냐하면 '더할 나위 없이 높고도 올바른 깨달음'을 얻고자 마음을 낸 사람은 어떤 법에서도 온갖 법이 끊어지고 사라진다는 모습을 말하지 않기 때문이다."

相相非有相이니　具足相無憑이네
상 상 비 유 상　　　구 족 상 무 빙

法法生妙法　　空空體不同이네.
법 법 생 묘 법　　공 공 체 부 동

斷滅不斷滅이니　知覺悟深宗이네
단 멸 부 단 멸　　　지 각 오 심 종

若無人我念이면　方知是志公하리라.
약 무 인 아 념　　　방 지 시 지 공

모습마다 실제 있는 모습 아니니
온갖 모습 다 갖춰도 기댈 곳 없네
모든 법이 하나하나 오묘한 법들
온갖 공도 그 바탕이 같지가 않네.

단멸이라 말하여도 단멸 아니니
이를 알고 깊은 종지 깨닫게 되네
나와 남을 분별하는 생각 없으면
본디 마음 평등한 줄 알게 되리라.

28. 不受不貪分

須菩提 若菩薩 以滿恒河沙等 世界七寶 持用布施
수보리 약보살 이만항하사등 세계칠보 지용보시

若復有人 知一切法 無我 得成於忍
약부유인 지일체법 무아 득성어인

此菩薩 勝前菩薩 所得功德
차보살 승전보살 소득공덕

何以故 須菩提 以諸菩薩 不受福德故
하이고 수보리 이제보살 불수복덕고

須菩提 白佛言
수보리 백불언

世尊 云何菩薩 不受福德
세존 운하보살 불수복덕

須菩提 菩薩 所作福德 不應貪着 是故 說 不受福德
수보리 보살 소작복덕 불응탐착 시고 설 불수복덕

28. 탐을 내지도 않고 집착하지도 않으니

"수보리야, 만약 보살이 갠지스 강 모래알 수만큼 많은 세계를 일곱 가지 보배로 가득 채워 남에게 베풀더라도, 어떤 사람이 '모든 법에 나의 것이라고 할 어떤 고정된 실체가 없음'을 알아 참다운 지혜를 성취하면 이 보살의 복덕은 일곱 가지 보배를 베풀어 얻는 복덕보다도 훨씬 뛰어날 것이다.

왜냐하면 수보리야, 이런 보살은 모두 복덕을 받지 않기 때문이니라."

"세존이시여, 어찌하여 보살이 복덕을 받지 않는다고 말씀하십니까?"

"수보리야, 보살은 복덕을 지을 뿐 그 복덕에 탐을 내지도 않고 집착하지도 않으니, 이런 까닭에 복덕을 받지 않는다고 말하느니라."

布施有爲相이여　三生却被吞하네
보시유위상　　삼생각피탄

七寶多行慧여　那知捨六根이오.
칠보다행혜　　나지사육근

但離諸有欲하고　旋棄愛情恩하여
단이제유욕　　　선기애정은

若得無貪相이면　應到法王門하리라.
약득무탐상　　　응도법왕문

복덕 위해 보시 하는 유위의 모습
복을 짓고 복 받으며 윤회를 하네
칠보 보시 많은 복덕 가져올 지혜
그 지혜로 육근 번뇌 버릴 줄 알까.

다만 온갖 욕망에서 벗어나 있고
애정 은혜 모든 것을 버리고 버려
탐욕 없는 모습으로 살아간다면
부처님의 세상으로 들어가리라.

29. 威儀寂靜分

須菩提 若有人言 如來 若來 若去 若坐 若臥
수보리 약유인언 여래 약래 약거 약좌 약와

是人不解 我所說義
시인불해 아소설의

何以故 如來者 無所從來 亦無所去 故名如來
하이고 여래자 무소종래 역무소거 고명여래

如來何所來며   修因幾劫功인고
여래하소래   수인기겁공

斷除人我見하면   方用達眞宗하리라.
단제인아견   방용달진종

見相不求相하면   身空法亦空이라
견상불구상   신공법역공

從來無所着이니   來去盡通通이리라.
종래무소착   래거진통통

29. 여래란 오는 바도 없고 가는 바도 없어

"수보리야, 어떤 사람이 '여래께서 오기도 하고 가기도 하며 앉기도 하고 눕기도 한다'고 말한다면, 그 사람은 내가 말한 뜻을 알지 못한 것이다.

왜냐하면 여래란 오는 바도 없고 가는 바도 없기 때문이니, 이를 일러 여래라고 하느니라."

부처님은 어디에서 오는 것이며
몇 겁 동안 애를 써서 수행하셨나
나와 남을 분별하는 견해 끊으면
바야흐로 참 종지에 통달하리라.

모습 보되 그 모습에 집착 않으면
이내 몸이 '공'이면서 법도 '공'이라
예로부터 집착할 것 전혀 없으니
오고 감에 모든 것이 다 통하리라.

30. 一合理相分

須菩提 若善男子 善女人 以三千大千世界 碎爲微塵
수보리 약선남자 선여인 이삼천대천세계 쇄위미진

於意云何 是微塵衆 寧爲多不
어의운하 시미진중 영위다부

須菩提言
수보리언

甚多 世尊
심다 세존

何以故 若是微塵衆 實有者 佛卽不說 是微塵衆
하이고 약시미진중 실유자 불즉불설 시미진중

所以者何
소이자하

佛說 微塵衆 卽非微塵衆 是名微塵衆
불설 미진중 즉비미진중 시명미진중

30. 하나로 합쳐진 모습을 이치로 보면

"수보리야, 선남자 선여인이 삼천대천세계를 부수어 미세한 티끌로 만든다면 그대는 어떻게 생각하느냐? 이 티끌을 모아 놓은 것이 많지 않겠느냐?"

장로 수보리가 말하였다.

"참으로 많습니다, 세존이시여. 왜냐하면 이 티끌을 모아 놓은 것이 실로 있는 것이라면 부처님께서는 이 티끌을 모아 놓은 것이라고 말씀하지 않으셨을 것이기 때문입니다.

왜 그런가 하면 티끌을 모아 놓은 것이라고 부처님께서 말씀하신 것은, 어떤 실물로 이루어진 티끌을 모아 놓은 것이 아니므로 이를 일러 티끌을 모아 놓은 것이라 하는 것입니다."

世尊
세존

如來所說 三千大千世界 卽非世界 是名世界
여래소설 삼천대천세계 즉비세계 시명세계

何以故 若世界 實有者 卽是一合相
하이고 약세계 실유자 즉시일합상

如來說 一合相 卽非一合相 是名一合相
여래설 일합상 즉비일합상 시명일합상

須菩提
수보리

一合相者 卽是不可說 但凡夫之人 貪着其事
일합상자 즉시불가설 단범부지인 탐착기사

界塵一何異오   報應亦如然이라
계 진 일 하 이   보 응 역 여 연

非因亦非果어니   誰後復誰先이리오.
비 인 역 비 과   수 후 부 수 선

事中通一合이라도   理卽兩俱損이니
사 중 통 일 합   이 즉 양 구 손

欲達無生路라면   應當識本源이니라.
욕 달 무 생 로   응 당 식 본 원

"세존이시여, 여래께서 말씀하신 삼천대천세계는 곧 실물로 이루어진 세계가 아니므로 이를 일러 세계라 하는 것입니다. 왜냐하면 세계가 실물로 이루어진 것이라면 곧 '하나로 합쳐진 모습'에 집착하는 것이 있겠지만, 여래께서 말씀하신 '하나로 합쳐진 모습'은 곧 어떤 실물로써 '하나로 합쳐진 모습'이 아니므로 이를 일러 '하나로 합쳐진 모습'이라 하는 것입니다."

부처님께서 말씀하셨다.

"수보리야, '하나로 합쳐진 모습'이란 말할 수 있는 것이 아닌데도 다만 범부들이 그 현상을 탐내고 집착할 뿐이니라."

이 세계나 작은 티끌 뭐가 다를까
보신 응신 알고 보면 또한 그러해
이는 인因도 아니면서 과果도 아니니
뒤와 앞이 무엇으로 나누어지리.

모든 현상 하나 되어 통할지라도
이치에선 이들 모두 함께 버리니
생멸 없는 부처님 길 가려고 하면
그 자리서 본디 근원 알아야 하리.

31. 知見不生分

須菩提
수보리

若人言 佛說 我見 人見 衆生見 壽者見
약인언 불설 아견 인견 중생견 수자견

須菩提 於意云何 是人 解我所說義不
수보리 어의운하 시인 해아소설의부

不也 世尊
불야 세존

是人 不解 如來所說義
시인 불해 여래소설의

何以故 世尊說 我見 人見 衆生見 壽者見
하이고 세존설 아견 인견 중생견 수자견

卽非我見 人見 衆生見 壽者見
즉비아견 인견 중생견 수자견

是名我見 人見 衆生見 壽者見
시명아견 인견 중생견 수자견

31. 어떤 모습에도 집착하는 마음을 내지 않아야

"수보리야, 만약 어떤 사람이 '부처님께서 나라는 생각, 남이라는 생각, 우리 중생이라는 생각, 또는 이들 모두의 생명이 영원할 것이라는 생각을 말씀하셨다' 하면,

수보리야, 그대는 어떻게 생각하느냐? 이 사람은 내가 말한 뜻을 알고 있겠느냐?"

"그렇지 않습니다, 세존이시여. 이 사람은 여래께서 말씀하신 뜻을 알고 있지 못합니다.
왜냐하면 세존께서 말씀하신 '나라는 생각, 남이라는 생각, 우리 중생이라는 생각, 이들 모두의 생명이 영원할 것이라는 생각'은, 곧 '나라는 생각, 남이라는 생각, 우리 중생이라는 생각, 이들 모두의 생명이 영원할 것이라는 생각'이 아니므로, 이를 일러 '나라는 생각, 남이라는 생각, 우리 중생이라는 생각, 이들 모두의 생명이 영원할 것이라는 생각'이라 하는 것입니다."

須菩提 發阿耨多羅三藐三菩提心者
수보리 발아뇩다라삼먁삼보리심자

於一切法 應如是知 如是見 如是信解 不生法相
어일체법 응여시지 여시견 여시신해 불생법상

須菩提 所言法相者
수보리 소언법상자

如來說 卽非法相 是名法相
여래설 즉비법상 시명법상

非到眞如[1]理이니   棄我入無爲일뿐
비도진여 리   기아입무위

衆生及壽者   悟見總皆非로다.
중생급수자   오견총개비

若悟菩提道하면   彼岸更求離니
약오보리도   피안갱구리

法相與非相을   了應如是知니라.
법상여비상   요응여시지

---

1. 모든 법은 오로지 헛된 생각으로 나타나나니 헛된 생각을 떠나면 온갖 경계로서 나타
  나는 모습은 없다. 이 때문에 온갖 법은 본디 말을 떠나 있고 이름을 붙일 수도 없으
  며 생각을 벗어나 있어 끝내 평등이어 달라질 것도 없고 파괴할 수도 없다. 오직
  '한마음'일 따름이니 그러므로 '진여眞如'라고 한다.

"수보리야, '더할 나위 없이 높고도 올바른 깨달음'을 얻고자 마음을 낸 사람은, 모든 법에 대해 이와 같이 알아야 하고 이와 같이 보아야 하며 이와 같이 믿고 이해하여 '법의 어떤 모습'에도 집착하는 마음을 내지 않아야 한다.

수보리야, 여기서 말하는 '법의 어떤 모습'이란 여래께서 '법의 어떤 모습에도 실체가 있는 것이 아니다'라고 말씀하시니 이를 일러 '법의 어떤 모습'이라고 하느니라."

진여 이치 도달하는 것이 아니니
'나'와 '남'을 집착하는 생각 버릴 뿐
'중생 또는 이들 생명 영원하다'니
알고 보니 그런 모습 아니로구나.

공부하다 보리도를 깨닫게 되면
피안에서 피안마저 떠날 것이니
법의 모습 그 모습도 아닌 것임을
언젠가는 이와 같이 알게 되리라.

32. 應化非眞分

須菩提
수보리

若有人 以滿無量阿僧祗 世界七寶 持用布施
약유인 이만무량아승지 세계칠보 지용보시

若有善男子 善女人 發菩薩心者 持於此經 乃至 四句偈等
약유선남자 선여인 발보살심자 지어차경 내지 사구게등

受持讀誦 爲人演說 其福勝彼
수지독송 위인연설 기복승피

云何 爲人演說
운하 위인연설

不取於相 如如不動
불취어상 여여부동

何以故
하이고

一切有爲法　如夢幻泡影
일체유위법　여몽환포영

如露亦如電　應作如是觀
여로역여전　응작여시관

32. 집착하는 모든 현실 꿈과 같으며

"수보리야, 어떤 사람이 헤아릴 수 없이 많은 세계에 일곱 가지 보배를 가득 채워 남에게 베풀더라도, 선남자 선여인이 보살의 마음을 내어 이 경이나 이 가르침 속에 있는 네 구절의 게송만이라도 받아 지녀 읽고 외우면서 다른 사람을 위하여 그 뜻을 일러 준다면, 이 복덕이 일곱 가지 보배로 베푼 복덕보다도 훨씬 더 뛰어날 것이니라.

어떻게 다른 사람을 위하여 그 뜻을 일러 줄 것인가?

어떤 모습도 취하지 않아야 본디 마음이 여여하여 흔들리지 않나니 무엇 때문이겠느냐?

게송으로 말하겠다."

집착하는 모든 현실 꿈과 같으며

그림자나 허깨비와 물거품 같고

아침이슬, 번개처럼 사라지는 것

이와 같은 그 실상을 보아야 한다.

如星翳¹燈幻　　皆爲喩無常이라
여 성 예 등 환　　개 위 유 무 상

漏識修因果하니　誰言得久長이오.
루 식 수 인 과　　수 언 득 구 장

危脆同泡露하며　如雲影電光하니
위 취 동 포 로　　여 운 영 전 광

饒經八萬劫이라도　終是落空亡하리라.
요 경 팔 만 겁　　종 시 락 공 망

佛說是經已 長老須菩提 及諸比丘 比丘尼 優婆塞 優婆夷
불 설 시 경 이 장 로 수 보 리 급 제 비 구 비 구 니 우 바 새 우 바 이

一切世間 天人 阿修羅 聞佛所說 皆大歡喜 信受奉行
일 체 세 간 천 인 아 수 라 문 불 소 설 개 대 환 희 신 수 봉 행

---

1. '성예星翳'는 눈의 검은자위에 작은 점 모양의 혼탁한 물체가 생겨 눈병이 난 것이다.
   이 눈병이 있는 사람은 눈앞에 까만 점, 실, 먼지모양 등의 어른거리는 검은 물체가
   있는 것처럼 느끼게 된다. 이는 실체가 없는 허공의 꽃과 같다.

병든 눈의 허공꽃과 촛불의 환영
이들 모두 무상함을 비유하는 것
알음알이 번뇌로써 인과 닦으니
그 누군들 '영원하다' 말할 수 있나.

위태로워 물거품과 이슬 같으며
뜬구름과 그림자와 번개 같은 것
팔만 겁이 지나도록 닦는다 해도
언젠가는 부질없이 사라지리라.

부처님께서 이 경전을 설해 마치시니, 장로 수보리와 모든 비구,
비구니, 우바새, 우바이들, 온갖 세간에 있는 하늘의 신들과 인
간, 아수라 등이 부처님의 가르침을 듣고 모두 크게 기뻐하며
이를 믿고 받들어 실천하였습니다.

부록

傅大士頌

변계偏計

妄計因成執하여　迷繩爲是蛇하네
망 계 인 성 집　　미 승 위 시 사

心疑生暗鬼하니　眼病見空華하리라.
심 의 생 암 귀　　안 병 견 공 화

一境雖無異라도　三人乃見差하네
일 경 수 무 이　　삼 인 내 견 차

了茲名不實하면　長馭白牛車하리라.
요 자 명 부 실　　장 어 백 우 거

---

1. '백우거白牛車'는 법화경에서 나오는 비유로 일승을 의미한다. 부처님께서 불타는
집에서 아이들이 빠져나오게 하려고 성문승에게는 양이 끄는 수레, 연각승은 사슴
의 수레, 보살은 소가 끄는 수레를 준다고 방편을 써서 그 집에서 놀라지 않고 나오게
한다. 이들이 불타는 집을 벗어나 안전한 곳에 이르렀을 때 부처님께서 이들을 흰
소 수레에 태워 부처님 세상으로 들어가게 하니 이것이 일불승이다. 승乘은 '사람을
태워 목적지에 데려다 주는 탈 것'을 말한다. '중생을 태워 생사의 바다를 건너 주게
하는 법'을 비유한 것이다. 『법화경』에서는 성문승·연각승·보살승을 합쳐 '삼승
三乘'이라 하고, 법화회상에서 이 삼승을 한꺼번에 모아 바로 부처님의 세상으로
나아가는 것을 '일승一乘'이라고 한다.

세 가지 성품이 '공'이니

잘못 알아 두루 집착하는 성품

_ 변계소집성

망념으로 잘못 알고 집착을 하여
새끼줄을 몰라보고 뱀이라 하네
마음속의 의심들이 귀신 만드니
눈병 나면 허공꽃을 보게 되리라.

한 경계로 다를 것이 없다하여도
세 사람이 내는 견해 차이가 있네
개념 자체 실체 없음 알게 된다면
영원토록 '흰 소 수레' 타고 가리라.

의타依他

依他非自立하니　必假衆緣成이로다
의 타 비 자 립　　　필 가 중 연 성

日謝樹無影이고　燈來室乃明이네.
일 사 수 무 영　　　등 래 실 내 명

名因共業變이고　萬象積微生이라
명 인 공 업 변　　　만 상 적 미 생

若悟眞空色하면　儵然去有名하리라.
약 오 진 공 색　　　유 연 거 유 명

다른 것에 의지하여 일어나는 성품
_ 의타기성

다른 것에 의지하여 홀로 못 서니
온갖 인연 빌려와서 이뤄지도다
해가 지면 나무 그늘 보이지 않고
어둔 방에 촛불 켜면 환해진다네.

인연이란 업과 함께 변하여 가고
온갖 모습 티끌모여 생겨나는 것
참다운 공 색이란 걸 깨닫게 되면
순식간에 집착하는 개념 없애리.

원성圓成

相寂名亦遣이고　心融境亦亡이어
상 적 명 역 견　　심 융 경 역 망

去來終莫見하여　默永無方이로다.
거 래 종 막 견　　묵 영 무 방

智入圓成理하면　身同法性常이니
지 입 원 성 리　　신 동 법 성 상

證眞還了俗하여　不廢示津梁¹이로다.
증 진 환 요 속　　불 폐 시 진 량

---

1. '진량津梁'은 강을 건널 때 필요한 나루와 다리이다. 강 건너 부처님의 세상으로
가기 위해서 중생들에게는 이러한 방편이 필요하다.

오롯한 이치 속에 들어간 성품

_ 원성실성

온갖 모습 사라지니 이름도 없고
온갖 마음 하나 되니 경계 사라져
오고 가는 모습들은 볼 수가 없어
말과 침묵 어디에도 걸림 없구나.

지혜로써 참 오롯한 이치에 들면
그의 몸과 법의 성품 항상 같으니
진리 깨쳐 세간이치 환하게 알아
중생 위한 방편들을 마다 않구나.

傅大士頌 涵虛說誼

妄計因成執하니　迷繩爲是蛇하네
心疑生暗鬼라　　眼病見空華로다.

一境雖無異라도　三人乃見差하니
了茲名不實하면　長馭白牛車하리라.

說誼

人法元無我인데　妄計因成執이라.
인법원무아　　　망계인성집

非蛇計爲蛇하고　非鬼計爲鬼하며　非華計爲華하니
비사계위사　　　비귀계위귀　　　비화계위화

所目之境은　雖一이더라도　三人之見이　不同이라.
소목지경　　수일　　　　　삼인지견　　부동

若了此見元不實하면　閑閑長馭白牛車하리.
약요차견원부실　　　한한장어백우거

부대사송 함허설의
세 가지 성품이 '공'이로다

망념으로 잘못 알고 집착을 하여
새끼줄을 몰라보고 뱀이라 하네
마음속의 의심들이 귀신 만드니
눈병 나면 허공꽃을 보게 되리라.

한 경계로 다를 것이 없다하여도
세 사람이 내는 견해 차이가 있네
개념 자체 실체 없음 알게 된다면
영원토록 '흰 소 수레' 타고 가리라.

사람이나 법에 집착할 내가 원래 없는데 망념으로 잘못 알아 이 때문에 집착한다. 뱀이 아닌데도 뱀이라 생각하고 귀신이 아닌데도 귀신이라 생각하며 꽃이 아닌데도 꽃이라고 생각하니 보이는 경계는 하나라도 세 사람이 보는 견해가 다르다.

이런 견해 원래 실체 없다는 것 알게 되면
한가롭게 영원토록 '흰 소 수레' 타고 가리라.

依他非自立하니　必假衆緣成이라
日謝樹無影이고　燈來室乃明이로다.

名因共業變이고　萬象積微生이라
若悟眞空色하면　倏然去有名하리라.

說誼

色心諸法號依他라하니 此非自立假緣成이니라.
색 심 제 법 호 의 타　　차 비 자 립 가 연 성

緣無性無生이지만 隨緣方有生이로다.
연 무 성 무 생　　수 연 방 유 생

惑與業共有轉相이니 因有轉相萬象現이로다.
혹 여 업 공 유 전 상　　인 유 전 상 만 상 현

緣慮¹與四大 合成五蘊身하고 根身與器界²를
연 려 여 사 대 합 성 오 온 신　　근 신 여 기 계

分成十二處하니라.
분 성 십 이 처

若能悟色是空色하면 卽了有心非有心하리라.
약 능 오 색 시 공 색　　즉 요 유 심 비 유 심

---

1. '연려緣慮'는 인연을 집착하여 그 인연을 헤아려 시비 분별하는 마음이다.
2. '근신根身'은 보통 '유근신有根身'이라고 하는데 육근으로 이루어진 몸과 마음을 말한다. '기계器界'는 '기세간器世間'을 말하는데 산하대지 산천초목과 같은 우리가 의지하여 살아가고 있는 이 세상을 뜻한다.

다른 것에 의지하여 홀로 못 서니
온갖 인연 빌려와서 이뤄지도다
해가 지면 나무 그늘 보이지 않고
어둔 방에 촛불 켜면 환해진다네.

인연이란 업과 함께 변하여 가고
온갖 모습 티끌모여 생겨나는 것
참다운 공 색이란 걸 깨닫게 되면
순식간에 집착하는 개념 없애리.

물질이나 마음 등 온갖 법이 다른 것에 의지하여 생겨난다고 하니 이는
홀로 서는 것이 아니요 온갖 인연을 빌려 성립되는 것이다. 인연으로
일어난 법에는 '자성'이나 '생멸'이 없지만 그 인연을 따라 생멸하는
법이 있게 된다.

번뇌와 업이 함께 변해가는 모습이 있으니 이 변하는 모습으로 삼라만
상이 드러난다. 인연에 집착하는 마음과 지수화풍 사대가 어울려 '색
수상행식'이란 오온의 몸을 만들고 이 몸에 있는 육근과 세상의 경계
가 어울린 것 곧 육근과 육경을 모아 십이처를 만드는 것이다.

만약 색이 공성空性의 색인 줄 깨달으면
곧 마음이 마음 아닌 줄을 깨닫게 되리라.

相寂名亦遣이고　心融境亦亡이어
去來終莫見이고　語默永無方이로다.

智入圓成理하면　身同法性常이니
證眞還了俗하여　不廢示津梁이로다.

說誼

名相雙泯하고 心境兩亡하니 去來無蹤이요 語默無方이로다.
명 상 쌍 민　　심 경 양 망　　거 래 무 종　　어 묵 무 방

體無內外是一身이고 念無前后只一心일뿐
체 무 내 외 시 일 신　　념 무 전 후 지 일 심

此是圓成理며 眞常法性海로다.
차 시 원 성 리　　진 상 법 성 해

智入其中하여 身同常住하니 眞俗元來是一貫이라
지 입 기 중　　신 동 상 주　　진 속 원 래 시 일 관

靑山紫陌兩無妨이로다.
청 산 자 맥 양 무 방

旣能飽得靑山味라면 也應芳草岸邊行하리라.
기 능 포 득 청 산 미　　야 응 방 초 안 변 행

온갖 모습 사라지니 이름도 없고
온갖 마음 하나 되니 경계 사라져
오고 가는 모습 끝내 볼 수가 없어
말과 침묵 어디에도 걸림 없구나.

지혜로써 참 오롯한 이치에 들면
그의 몸과 법의 성품 항상 같으니
진리 깨쳐 세간이치 환하게 알아
중생 위한 방편들을 마다 않구나.

고정 관념과 온갖 모습이 다 없어지고 보는 마음과 대상 경계가 다 사라지니 오고 감에 그 자취가 없을 것이요, 말과 침묵 어디에도 걸림이 없다. 그 바탕에 안팎 없어 한 몸이 되고 생각에는 앞뒤 없어 한마음일 뿐, 이야말로 부족 없는 오롯한 이치로 거짓이 없어 법성의 바다는 영원할 것이다.

지혜로 그 가운데 들어가 그의 몸이 똑같이 상주하니 '진'과 '속'이 원래 하나로 관통되고 있는지라 청산이든 장터이든 그 어느 곳도 방해되지 않는다.

이미 청산의 맛을 충분히 보았다 하면
꽃향기 진동하는 언덕가로 가야하리라.

清凉大法眼禪師[1]頌

경공境空

涅槃名廣度 라하니 無餘一味收라
열 반 명 광 도   무 여 일 미 수

卵胎兼濕化   空有及沈浮 로다.
란 태 겸 습 화   공 유 급 침 부

---

1. 법안문익法眼文益(885-958) 절강성 항주부 여향현에서 태어났다. 일곱 살에 출가
   하여 계율 공부에 전념하는 한편, 유교를 공부하여 시문에 능했다. 복주에 가서
   장경혜릉長慶慧稜을 오랫동안 모셨지만 공부에 진전이 없어 호남 지방으로 가다
   우연히 비를 피해 지장원에 들어가게 되었다. 때마침 계침 스님을 만나 여러 가지
   문답을 했지만 소홀히 생각하다 비가 멎자 다시 나오려고 했다. 계침 스님이 뜰에
   있는 돌 하나를 가리키면서 "삼계가 오직 마음이라 하니, 이 돌이 마음속에 있는가?
   아니면 마음 밖에 있는가?" 물었다. 그는 선뜻 "마음 안에 있습지요."라고 대답했
   다. "행각하는 사람이 마음속에 돌멩이를 넣어 가지고 어떻게 다닌단 말인가?"
   이 말에 그는 대답을 못하고 거기서 짐을 풀게 되었다. 달포 가까이 머물면서 여러
   가지로 자기의 소견을 말해 보았지만, 계침 스님은 언제나 "불법은 그런 것이 아니
   야."라고만 했다. 그러다 하루는 "이제는 제가 할 말을 다해 버렸고, 이치도 끊어졌
   습니다."라고 하자, 계침 스님이 "지금부터 불법을 말한다면 온갖 것이 다 제대로
   이루어졌느니라." 하는 데서 크게 깨쳤다. 계침 스님의 법을 받아 스님은 임천臨川
   의 숭수원崇壽院과 금릉金陵의 보은선원報恩禪院, 청량사淸凉寺 등 여러 곳에서 널
   리 가르침을 펴 법안종을 일으키고 종풍을 떨쳤다. 당시 선종이 형식화 되어가는
   세태를 보고『종문십규론宗門十規論』을 지어 수행을 직접 실천할 것을 주장하며
   선교일치의 사상을 드러내는데 애를 썼다. 그의 법을 이은 제자가 63명이나 되었
   다. 그 가운데 고려의 도봉혜거道峰慧炬 국사와 영감靈鑑 선사가 있었다. 후주後主
   현덕顯德 5년에 74세로 입적하니, 시호를 대법안大法眼이라 받았다.

청량대법안선사송 함허설의

경계도 지혜도 공이어서

경계는 공이니라

열반이란 모든 중생 제도한단 뜻
번뇌 없는 한 가지 맛 중생 거두네
태어나는 온갖 모습 태란습화생
날짐승과 물고기도 제도하리라.

薩埵能降住하여　菩提道自周라
살 타 능 항 주　　보 리 도 자 주

倐然纖介在하면　此岸永淹留하리라.
숙 연 섬 개 재　　차 안 영 엄 류

如來大涅槃은　廣度로　以爲義니
여 래 대 열 반　광 도　　이 위 의

三界四生類를　無餘一味收로다.
삼 계 사 생 류　무 여 일 미 수

任重荷擔　誠不易니　小智가　豈能當此任이리오.
임 중 하 담　성 불 이　　소 지　　개 능 당 차 임

唯有薩埵化無化이어　致令菩提道自周로다.
유 유 살 타 화 무 화　　치 영 보 리 도 자 주

塵緣이　若也纖毫在라면　生死此岸에　永淹留하리라.
진 연　　약 야 섬 호 재　　생 사 차 안　　영 엄 류

삶 속에서 보살들이 마음 다스려
깨달음의 보리도가 저절로 완성
깜빡하다 미세 번뇌 생겨난다면
사바세계 이 언덕을 못 떠나리라.

여래의 대열반은 뭇 중생을 널리 제도하는 것으로 그 뜻을 삼으니 온갖 중생을 번뇌 없는 한맛 무여열반으로 거둔다.

무거운 소임이라서 참으로 쉬운 일이 아니니 지혜롭지 못한 사람이 어찌 이 일을 감당하겠느냐.

보살만이 중생을 교화하되 교화한 것이 없어 깨달음의 도가 절로 이 세상에 두루 하게 한다.

육진경계의 인연이 조금이라도 남아 있게 된다면 생사의 언덕에서 영원히 머무르게 될 것이니라.

지공智空

智圓晶火聚_{하니}　薩埵便無心_{이어}
지 원 정 화 취　　살 타 변 무 심

處處菩提道_{하고}　明明功德林_{이로다.}
처 처 보 리 도　　명 명 공 덕 림

誰能生後得_{이오}　更不議堪任_{이리}
수 능 생 후 득　　갱 불 의 감 임

月冷空當午_{하고}　松寒露滿襟_{이네.}
월 냉 공 당 오　　송 한 로 만 금

說誼

智圓眞同晶火聚_{이어}　男兒到此便無心_{이로다.}
지 원 진 동 정 화 취　　남 아 도 차 변 무 심

便無心_{이여} 處處菩提道_요 明明功德林_{이로다.}
변 무 심　　처 처 보 리 도　　명 명 공 덕 림

既知本有_{이어} 非今得_{이니} 胸中_에 無物_{이어} 外如愚_{로다.}
기 지 본 유　　비 금 득　　흉 중　　무 물　　외 여 우

只如無心底活計_를 作麼生道_{오.}
지 여 무 심 저 활 계　　자 마 생 도

月冷空當午_{하고} 松寒露滿襟_{이네.}
월 냉 공 당 오　　송 한 로 만 금

지혜도 공이니라

오롯한 지혜 맑고 밝게 타오르니
큰 보살님 그 자리에 집착이 없어
가는 곳곳 어디에나 깨달음 있고
밝고 밝은 공덕으로 가득 찬 숲속.

어느 누가 이런 지혜 낼 수 있을까
다시 봐도 감당할 이 찾지 못하리
시린 달이 두리둥실 허공에 뜨고
소나무에 맺힌 이슬 옷깃 적시네.

지혜가 오롯하니 참으로 맑고 밝게 타오르는 불꽃이어 남아대장부가
여기에 도달하니 집착할 것이 없다. 집착할 게 없으니 가는 곳마다 깨
달음의 도道요, 밝고 밝은 공덕의 숲이로다.

이미 본디 있음을 알아 지금 얻은 것이 아니니 마음속에 아무 것도
없어 어리석은 듯하구나. 집착 없는 살림살이를 어떻게 말할 것인고?

시린 달이 두리둥실 허공에 뜨고
소나무에 맺힌 이슬 옷깃 적시네.

구공俱空

理極亡情謂   如何有喻齊아.
이 극 망 정 위   여 하 유 유 제

到頭霜夜月하니   任運落前谿로다.
도 두 상 야 월   임 운 락 전 계

果熟兼猿重인데   山長似路迷라.
과 숙 겸 원 중   산 장 사 로 미

擧頭殘照在하니   元是住居西로다.
거 두 잔 조 재   원 시 주 거 서

說誼

境智兩忘 忘亦忘하니 秋天霜夜 月滿谿로다.
경 지 양 망 망 역 망   추 천 상 야 월 만 계

道高에 兼帶累하고 理現에 還似迷하니
도 고   겸 대 누   이 현   환 사 미

反觀其所以하면 於空에 未忘情이로다.
반 관 기 소 이   어 공   미 망 정

更忘情하니
경 망 정

一月影千江이요 孤雲萬里飄로다.
일 월 영 천 강   고 운 만 리 표

경계도 지혜도 공이어서

이치 떨어져 알음알이 사라지니
그 자리를 비유로써 어찌 말하리
서리 내린 늦은 밤에 보름달 뜨니
앞개울에 몸을 맡겨 흐르는구나.

과일 익어 원숭이는 살이 찌는데
산속 깊어 길을 잃은 모습이로다
고개 드니 붉은 노을 아름다워라
이 자리가 아미타불 본디 머물 곳.

경계와 지혜를 다함께 잊고 그 잊은 것조차 잊으니 시린 가을 하늘
한밤중에 밝은 달빛 계곡물에 가득하다.

도가 높아지니 허물을 띠고 이치가 드러나 어리석어지니 그 까닭을
돌이켜 보면 공空에서 아직 알음알이를 잊지 못했도다.
다시 이 알음알이도 잊으니

두리둥실 밝은 달이 일천 강에 반짝반짝
조각구름 흘러흘러 만리 창공 하늘하늘.

유통流通

如如方解說이니　此說號流通이라
여여방해설　　　차설호유통

若謂無人我라면　還將壽者同이라네.
약위무인아　　　환장수자동

平常何所證인고　動轉絶羈籠하여
평상하소증　　　동전절기농

一切有爲法을　　對觀淸鏡中이네.
일체유위법　　　대관청경중

說誼

如如不動方解說이니　如是演說號流通이로다.
여여부동방해설　　　여시연설호유통

若謂我無人我念이면　依舊還同我人相이로다.
약위아무인아념　　　의구환동아인상

平常無證絶羈籠하니　化演觀同鏡裏形이로다.
평상무증절기농　　　화연관동경이형

법을 전파시켜야

마음가짐 여여 해야 풀이를 하니
이 설법이 바른 법을 전파하는 것
'나'와 '남'에 집착 없다 말을 한다면
이야말로 집착하는 모습이라네.

평소 삶에 그 무엇을 증득할 건가
생활 속에 온갖 번뇌 다 끊어져서
내 앞에서 드러나는 온갖 법들을
맑은 거울 그림자로 마주 본다네.

마음이 여여 해서 흔들리지 않아야 법을 제대로 풀이하니, 이와 같은
가르침을 설해야 법을 전파한다고 한다.

만약 '나는 나와 남에 집착하는 생각이 없다'라고 말한다면, 이는 여전
히 '나와 남에 집착하고 있는 모습'이다.

평소 증득할 것이 없어 법에 얽매일 번뇌가 다 끊어지니,
법을 설하는 모습이 거울 속의 그림자를 보는 것과 같도다.

찾아보기

부대사금강경

금강경오가해설의

초판 발행 | 2012년 5월 5일
초판 2쇄 | 2014년 6월 1일
펴낸이 | 열린마음
역해 | 원순

펴낸곳 | 도서출판 법공양
등록 | 1999년 2월 2일 · 제1-a2441
주소 | 110-170 서울시 종로구 수송동
두산위브파빌리온 836
전화 | 02-734-9428
팩스 | 02-6008-7024
이메일 | dharmabooks@chol.com

ⓒ 원순, 2014
ISBN 978-89-89602-55-2
ISBN 978-89-89602-49-1(전6권)

값 20,000원